ÄNDERE DEIN PARADIGMA, ÄNDERE DEIN LEBEN

Lege JETZT den Schalter um!

BOB PROCTOR

VORWORT VON SANDY GALLAGHER

Bob Proctor hat sein ganzes Leben einem einzigen Ziel gewidmet:
Einen Menschen nach dem anderen zu erreichen und ihm zu versichern,
dass er nicht nur Großes erreichen kann,
sondern dass Großes bereits in ihm lebt.

BOB PROCTOR

1934 - 2022

Englischer Originaltitel: CHANGE YOUR PARADIGM, CHANGE YOUR LIFE.
Published 2021 by Gildan Media LLC
aka G&D Media www.GandDmedia.com

ISBN: 978-3-903410-03-9

Herausgegeben von:
Life Success Media GmbH, A-6020 Innsbruck
www.bobproctor.de
Dieses Werk wurde vermittelt durch die
Literarische Agentur Thomas Schlück GmbH, 30161 Hannover

Herausgegeben gemäß einer Vereinbarung mit WATERSIDE PRODUCTIONS INC., 2055 Oxford Avenue, CARDIFF-BY-THE-SEA, CA 92007 USA

Titelseitendesign von Patti Knoles

Inneres Design von Meghan Day Healey, Story Horse, LLC

Inhalt

Vorwort

von Sandy Gallagher

Hast du dich jemals gefragt, warum harte Arbeit oft nicht für das Erzielen der Resultate ausreicht, die du dir für deine Karriere erhoffst? Ist es für dich ein Rätsel, warum du trotz jahrelanger Zielsetzung diese Ziele Jahr für Jahr verfehlst? Bist du neugierig, warum es dir in stressigen Situationen in der Gesellschaft oder in deinem eigenen Leben schwerfällt, deine Einstellung und deine Emotionen unter Kontrolle zu behalten, während andere scheinbar ruhig, gesammelt und zuversichtlich bleiben? Herkömmliche Ratschläge aus dem Persönlichkeitstraining wie ein positives Denken, das Visualisieren deiner Ziele und das Verpacken dieser in Affirmationen fühlen sich oft an, als müsstest du einen Felsbrocken bergauf rollen und nicht wie der mühelose, aufregende Prozess, den du erwartet hast? Die Antwort auf diese Fragen liegt in einem Faktor, auf den wenige Erfolgs- und Motivationsredner, Lehrer oder Philosophen eingehen. Dieser Faktor ist dein Paradigma. Es besitzt die vollständige Kontrolle über deinen langfristigen Erfolg oder Misserfolg.

In diesem Buch präsentiert dir der legendäre Motivationsredner und Experte für Persönlichkeitsentwicklung, Bob Proctor, einige unglaublich wirkungsvolle Inhalte, die bisher den Teilnehmern an seinen exklusiven und stets ausverkauften Seminaren vorbehalten waren. Du erhältst eine Schulung auf Meisterniveau und lernst, wie du auf systematische, konsistente und nachhaltige Weise Ergebnisse erzielen kannst; indem du die schlimmsten Erfolgskiller umgehst, wie die Angst vor dem Scheitern sowie vor Erfolg, den Hang zum Aufschieben und den schlimmsten von allen: die Selbstsabotage.

Bob zeigt dir, wie du diese meisterst, indem du an deinem Paradigma arbeitest – genau an dem Faktor, den die meisten übersehen. Dabei ist dieser doch der wichtigste.

Doch was ist ein Paradigma überhaupt? Du erfährst von Bob, dass ein Paradigma grundlegend aus einem mentalen Programm in deinem Unterbewusstsein besteht, das dein gesamtes gewohnheitsmäßiges Verhalten fast vollständig kontrolliert – und so gut wie dein gesamtes Verhalten beruht auf Gewohnheiten.

Paradigmen bestehen aus einer Vielzahl von Gewohnheiten, die von einer Generation an die nächste weitergegeben werden und sich auf vielfältige Weise manifestieren. Sie sind die Art und Weise, wie du dich selbst, die Welt und die sich dir bietenden Gelegenheiten wahrnimmst. Paradigmen bestimmen, wie du mit Herausforderungen und Veränderungen umgehst. Wenn du erkannt hast, dass dein gesamtes Verhalten auf Paradigmen beruht, wird deine Weltsicht sich völlig verändern.

Vielleicht kennst du eine Person, die aus Gewohnheit zornig ist, sich über jede Wendung des Lebens aufregt und unfähig ist, das Positive an einer Situation zu sehen. Eventuell kennst du jemanden, der seit Jahren oder sogar Jahrzehnten mit Gewichtsproblemen zu kämpfen hat. Für eine Weile sieht es so aus, als sei er auf dem richtigen Weg: Er verliert an Gewicht und gewinnt an Gesundheit, doch dann fällt er immer wieder in seinen alten Zustand zurück. Oder du kennst einen Menschen, der jahrelang auf einer bestimmten Einkommensebene feststeckt und dem nie der Durchbruch zu einem höheren Level gelingt. Alle diese Ergebnisse werden von Paradigmen gesteuert. Aber so wie Paradigmen ein selbst geschaffenes Gefängnis sein können, so können wir sie auch ändern; damit sie uns die Freiheit geben, uns zu der Persönlichkeit zu entwickeln, die wir sein wollen.

In diesem Buch erhältst du von Bob den Schlüssel, mit dem du dich von einschränkenden Paradigmen befreien und dein grundlegendes Paradigma – diese unbewusste mentale Programmierung – ändern kannst, um deine Finanzen, deine Gesundheit, deine Karriere, deine Beziehungen und damit dein gesamtes Leben zu transformieren.

Bob Proctor ist der perfekte Lebenslehrer, um dich auf dieser Reise zu begleiten. Er hat den menschlichen Geist und das menschliche Potenzial bei einigen der größten Denker studiert, die die Welt je gesehen hat. Im Jahr 1961 begann er mit dem Studium des legendären Erfolgsklassikers *Denke nach und werde reich* von Napoleon Hill. Dieses Buch veränderte sein Leben. Bob hat sich die Tonaufnahmen der Legende des Persönlichkeitstrainings, Earl Nightingale, tausende Male angehört. Von 1968 bis 1973 arbeitete Bob in der Nightingale-Conant Corporation Seite an Seite mit Earl und startete danach mit seiner Geschäftspartnerin und Mitbegründerin Sandy Gallagher sein eigenes Persönlichkeitsentwicklungsunternehmen, das Proctor Gallagher Institute. Millionen von Menschen haben sich bereits von Bob inspirieren lassen: durch den Film The Secret, durch seine Bücher wie den *New-York-Times*-Bestseller *Erkenne den Reichtum in dir*, durch seine Coaching-Programme. oder in seinen Live-Events

Kapitel 1

Deine unglaubliche Veränderungskraft

Dies wird für einige meiner Leser ein unglaublich wichtiges Buch sein.

Warum sage ich nicht „für *alle* meine Leser"? Ich möchte betonen, dass unbedingt eine Entscheidung erforderlich ist, wenn man sein Leben verändern will. *Du* entscheidest, ob das für dich zutrifft.

Eine Veränderung deines Paradigmas erfordert eine engagierte Entscheidung. Sie ist völlig konträr zu fast allem, was man dich gelehrt hat. Wir gehen zur Schule, nehmen ein Buch, lesen es, stellen Fragen zum Inhalt und machen mit einem anderen Buch weiter. In Wahrheit können wir auf diese Weise den Inhalt eines Buchs nicht wirklich verstehen. Es genügt nicht, ein Buch einmal zu lesen und sich dann wieder mit anderen

Dingen zu beschäftigen.

Unser Paradigma ist durch Wiederholungen entstanden – ständiges, regelmäßiges Wiederholen. Und auf genau diese Weise lässt es sich auch ändern. Für die meisten macht dies jedoch wenig Sinn; sie fühlen sich ihrer Erziehung und ihrer Vergangenheit verbunden. Doch eigentlich war das keine Erziehung. Sie haben einfach nur Informationen angesammelt.

Es gibt Menschen mit eindrucksvollen Abschlüssen von prestigeträchtigen Universitäten, die sich durch das Leben kämpfen. Sie haben nicht genug Geld und keine gute Position. Falls sie selbständig sind, machen sie Bankrott oder geben ihr Geschäft auf. Du fragst dich: „Die sind doch so klug, wie ist so etwas möglich?"

In Wahrheit sind sie nicht klug. Sie haben eine Menge Informationen angesammelt, ohne diese zu nutzen. Ihr Verhalten wird von ihren Paradigmen gelenkt, nicht von ihrem Wissen. Sie tun nicht das, was sie könnten. Aus irgendeinem Grund finden sie nie die Lösung. Sie halten niemals inne, um ihr Verhalten in Bezug auf ihr Wissen zu analysieren.

Über die Jahre habe ich herausgefunden, dass die meisten sehr erfolgreichen Menschen eine unbewusste Kompetenz besitzen. Sie können es nicht in Worte fassen, warum ihnen so viel gelingt. Selbst wenn solch ein Mensch große Unternehmen aufgebaut hat und Multimillionär geworden ist, kann er dieses Wissen nicht an seine Kinder weitergeben; er weiß nicht, warum er sich so verhält. Dann sagt er: „Na ja, ich mach' es halt einfach." Seine Mitmenschen halten ihn für intelligent, aber das hat nichts mit Intelligenz zu tun. Es hat mit seinem Paradigma zu tun. Unsere Paradigmen lenken uns in einem enormen Ausmaß.

Der Erfolg einer jeden Unternehmung hängt vollständig davon ab, was in unserem Inneren vor sich geht. Es hat nichts mit dem zu tun, was in der Außenwelt geschieht. Manche Menschen haben sogar unter schlechten wirtschaftlichen Bedingungen extrem großen Erfolg. Selbst zur Zeit der großen Wirtschaftskrise waren nicht alle arbeitslos und auch nicht jeder war pleite. Manche waren während dieser Zeit sehr erfolgreich und verdienten Millionen.

Warum waren sie so erfolgreich? Wie konnte das sein? Warum waren ein paar Leute Gewinner? Weil sie sich den Erfolg in ihrem Geist erschaffen haben. Erfolg muss von innen nach außen kommen und nicht von außen nach innen. Wir lassen uns von der Außenwelt lenken, weil man uns darauf trainiert hat. Wir wurden so programmiert, dass die äußere Welt uns unter Kontrolle hält.

Paradigmen und Gewohnheiten

Es ist eine Illusion zu meinen, dass positives Denken allein genügt. Wir müssen unser Paradigma ändern. Unser Paradigma besteht aus einer Vielzahl von Ideen. Diese werden zu *Gewohnheiten*, sobald sie in unserem Unterbewusstsein verankert sind. Ein Paradigma besteht also aus einer Vielzahl von den im Unterbewusstsein geprägten Gewohnheiten. Eine Gewohnheit ist eine Idee, die sich Ausdruck verschafft, ohne dass wir bewusst daran denken; wir bewegen uns ganz automatisch. Ein Auto zu lenken ist größtenteils Gewohnheitssache. Du kannst es, ohne daran zu denken. Weil du so programmiert bist.

Beobachte dein eigenes Verhalten nach dem morgendlichen Aufstehen 2 oder 3 Stunden lang objektiv und du wirst erkennen, dass die meisten deiner Verhaltensmuster dich nicht zum gewünschten Erfolg führen. Daher solltest du dich fragen: „Warum verhalte ich mich auf diese Weise?“

Jeden Tag tust du ein und dasselbe, weil du darauf programmiert wurdest. Unsere Art zu leben wurde uns einprogrammiert. Zunächst einmal ist da die genetische Programmierung. Sie ist der Grund, warum wir unseren Verwandten ähnlich sehen. Es ist ein Bestandteil unserer

Gene bei der Geburt. In jedem von uns vereint sich ein Genpool, der viele Generationen weit zurückreicht. Unser Paradigma kontrolliert uns; es lenkt und steuert unser gesamtes Verhalten. Das Paradigma eines Menschen hat nichts mit dem zu tun, was er in der Schule gelernt hat. Ist sein Paradigma negativ, wird er im Leben verlieren, selbst wenn er eine großartige Schulbildung erhalten hat. Seine Bildung kann ihm nicht helfen.

Zuallererst müssen wir verstehen, wie ein Paradigma geformt wird. Dann müssen wir erkennen, wie man es ändert. Genau das begreifen die meisten Leute nicht. Das wird uns nicht in der Schule beigebracht. Und es gibt nur sehr wenige Seminare, in denen man es lernen kann. Es war ein Schock für mich, das zu erkennen. Obwohl ich in diesem Bereich tätig war, hatte ich dieses Prinzip nicht wirklich verstanden.

Unbewusste Kompetenz

Vor langer Zeit, im Jahr 1961, verdiente ich 4.000 Dollar im Jahr, hatte 6.000 Dollar Schulden und keine Ahnung, wie ich je aus dieser Lage herauskommen sollte. 5 Jahre später verdiente ich über eine Million Dollar im Jahr und besaß ein Unternehmen mit Zweigstellen in Toronto, Montreal, Boston, Cleveland, Atlanta und London.

Mein Verhalten war ziemlich unverantwortlich. Ich lebte in London, wo ich für das Gründen eines Unternehmens hingezogen war. Ich ging in den Playboy Club und spielte Roulette. Es war mir egal, wenn ich Geld verlor; ich wusste, wo es war und wie ich daran kommen konnte.

Eines Tages hielt ich inne und fragte mich: „Wie ist das passiert? Warum hat sich mein Leben so dramatisch verändert?“ Ich fand keine Antwort auf diese Frage. Ich verstand den Grund nicht. Ich war in dem Glauben aufgewachsen, dass man sehr klug sein muss, wenn man viel Geld verdienen will. Aber ich wusste, dass ich nicht besonders klug war. Und doch verdiente ich einen Haufen Geld. Man hatte mich in dem Glauben erzogen, dass man ohne fundierte Schuldbildung niemals einen guten Job bekommt. Ich hatte die höhere Schule nur zwei Monate lang besucht. Ich hatte keinen guten Job. Und doch gehörte mir die ganze Firma.

Ich begann, fast alles auf den Prüfstand zu stellen, was man mir beigebracht hatte. Und ich fand heraus, dass das allermeiste davon nicht stimmte. Kann ein Mensch besser als ein anderer sein? Nein. Niemand ist besser als ein anderer. Vielleicht sind seine Ergebnisse besser, vielleicht verdient er mehr, vielleicht ist er produktiver oder kann schneller laufen. Trotzdem sind wir alle exakt gleich. Würde man uns alle in ein Feuer werfen, wären wir alle auf dasselbe Niveau reduziert. Wir sind Masse, wir sind Energie, wir sind Schwingung – Hautfarbe, Größe oder Geschlecht haben keinerlei Bedeutung. Wir sind alle gleich. Wir müssen erkennen, dass wir alle Gesetzen unterliegen, die präzise und unveränderlich sind. Sie wurden nicht von Menschen gemacht, daher können sie auch nicht von uns Menschen verändert werden. Unser Erfolg hängt davon ab, wie gut wir diese Gesetze verstehen und wie sehr wir in der Lage sind, unser Leben mit ihnen in Übereinstimmung zu bringen.

Eines Tages hatte ich ein euphorisches Erlebnis und alles in meinem Kopf begann sich zu verwandeln. Ich wusste nicht, warum ich mich so und nicht anders verhielt. Ich wusste nicht, warum ich im Leben gewann. Ich hatte keine richtige Ausbildung und keinerlei Geschäftserfahrung. Und so dachte ich mir: „Ich will es herausfinden. Ich will herausfinden, warum ich so erfolgreich bin."

Es waren 9 ½ Jahre einer bewussten und entschlossenen Suche nötig, bis ich auf die Antwort stieß. Und als ich sie hatte, wollte ich unbedingt damit arbeiten. Ich war in der Gebäudereinigung tätig. Ich hatte mit der Reinigung eines Büros begonnen, am Ende reinigte ich viele Büros in vielen verschiedenen Städten. Dies alles ließ ich hinter mir, um für die Nightingale-Conant Corporation zu arbeiten. Mein Jahreseinkommen fiel von über einer Million auf 18.000 Dollar. 5 Jahre später verdiente ich 33.000 Dollar.

Ich hätte sogar dafür bezahlt, dort arbeiten zu dürfen und das allein wegen der Inhalte. Ich hielt Earl Nightingale und Lloyd Conant für absolute Genies. Ihre Arbeitsweise verblüffte mich. Ich kannte sonst niemanden, der auf diese Art und Weise arbeitet. Ich wollte von ihnen lernen und das tat ich auch. Wie ein Wissenschaftler studierte ich die beiden. Und ich begann allmählich, alles zu durchblicken. Ich kam während der großen Wirtschaftskrise zur Welt. Als ich gerade mal 6 Jahre alt war, zog die ganze Welt in den Krieg und alles wurde rationiert. Es waren interessante Zeiten für mich, als es nichts als schlechte Nachrichten gab. Niemand interessierte sich dafür, die geistige Entwicklung eines Kindes zu fördern. Meine Mutter musste 3 davon großziehen. Alles drehte sich darum, irgendwie über die Runden zu kommen.

1961 begann ich damit, Earl Nightingales Tonaufnahmen auf einem kleinen batteriebetriebenen Plattenspieler abzuspielen und ich konnte damit nicht mehr aufhören. Noch nie hatte ich jemanden so reden hören wie Earl Nightingale. Damals dachte ich, hätte Gott eine Stimme, müsste sie so klingen wie seine. Seit dieser Zeit habe ich mich diesen Inhalten verschrieben. Von 1961 an bis zum heutigen Tag habe ich nicht aufgehört, sie zu studieren.

Bewusstseinsentwicklung

Dieses Wissen sollte in den Schulen gelehrt werden, wenn nicht schon viel früher. Man kann es sogar einem Baby beibringen. Wir sind als menschliche Gemeinschaft von der Entwicklung des Intellekts besessen und ignorieren völlig die Entwicklung unseres Bewusstseins. Eine Person kann 2 oder sogar 3 Doktortitel besitzen und doch kein Bewusstsein dafür haben, wie man Geld verdient, wie man ein Unternehmen aufbaut oder wie man seine Persönlichkeit weiterentwickelt.

Das Gewahrwerden ist der Schlüssel. Ich glaube, wir müssen uns bewusst werden, dass wir eins mit Gott, mit der unendlichen Intelligenz sind. Je bewusster wir uns dessen werden, desto mehr wird sich dies in unseren Ergebnissen zeigen. Auch ein Mangel an Bewusstsein wird sich in unseren Resultaten manifestieren.

Eines von Earls berühmtesten Werken ist *Das seltsamste Geheimnis*. Darin führt er aus, dass wir zu dem werden, woran wir denken. Je mehr man sich mit dieser

Idee beschäftigt, umso tiefgründiger wird sie. Ich führe diesen Gedanken ein wenig weiter und füge hinzu, dass wir uns mit der Wahl unserer Gedanken selbst ausbremsen.

Wir müssen mit der Erkenntnis beginnen, dass wir nur einen einzigen Bestandteil des Universums ändern können: uns selbst. Nichts anderes können wir verändern. Wir können nicht die Bedingungen oder Umstände ändern, die uns umgeben. Wir müssen uns an die Geschehnisse anpassen und weitermachen. Aber wir müssen auch verstehen, dass wir größer sind als die äußeren Situationen, denen wir uns gegenübersehen. Ich widme diesen Dingen nicht viel Zeit. Sie gehen vorbei und danach kommt etwas anderes. Es gibt immer etwas da draußen, das uns kontrollieren wird; wenn wir es zulassen. Ich habe beschlossen, es nicht zuzulassen. Ich übe selbst die Kontrolle über mich aus.

Es geht jedoch nicht nur um das, was wir denken, sondern auch um das, was wir verinnerlichen. Nicht alles Gedachte verinnerlichen wir auch. Wir müssen die guten Gedanken verinnerlichen und diese mit Emotionen aufladen, da sie sonst nichts Gutes für uns bewirken können. Wenn dein Denken sich nur auf der Bewusstseinsebene abspielt, kannst du zum Beispiel an Reichtum denken und trotzdem in Armut leben. Und du wirst arm bleiben, solange du die Gedanken an Reichtum nicht verinnerlicht hast.

Der inspirierende Autor und Redner Neville Goddard, meist nur „Neville“ genannt, hat es wunderbar formuliert: „Die Zukunft muss in der Vorstellung desjenigen zur Gegenwart werden, der seine Umstände weise und bewusst erschaffen hat.“ Uns wurden geistige Fähigkeiten geschenkt, die keine andere Lebensform erhalten hat. Alle anderen kleinen Kreaturen auf der Welt sind in ihrer Umgebung völlig zu Hause, sie fügen sich in ihre Umwelt ein. Wir aber sind völlig desorientiert, weil wir die mentalen Fähigkeiten zur Gestaltung unserer Umgebung erhalten haben. Und doch kann man unser gesamtes Bildungssystem durchlaufen, ohne etwas über diese höheren Fähigkeiten zu erfahren.

Gedächtnis, Wahrnehmung, Wille, Verstand, Vorstellungskraft und Intuition – all das sind phänomenale Kräfte; aber verstehen wir auch ihre Wirkungsweise? Der verstorbene Bestsellerautor Wayne Dyer sagte: „Wenn wir die Dinge anders betrachten, ändern sich die betrachteten Dinge.“ Wenn du deine Wahrnehmung änderst, verwandelst du deine Welt. Wir haben ein perfektes Gedächtnis. Wir haben eine perfekte Intuition. Alle unsere höheren Fähigkeiten sind vollkommen, wir brauchen sie nur weiterzuentwickeln.

Aber da man uns nicht einmal ihr Vorhandensein lehrt, bringt man uns erst recht nicht den Umgang mit ihnen bei. Die Vorstellungskraft ist nicht nur dazu da, um damit zu spielen. Die Welt um uns herum, alles, was wir sehen, entstand zunächst in der Vorstellung und wurde dann in physische Resultate verwandelt. Die Welt folgt bestimmten Gesetzmäßigkeiten.

Der Weltraumingenieur Wernher von Braun hat es sehr gut ausgedrückt. Präsident John F. Kennedy fragte ihn einst: „Was ist nötig, um eine Rakete zu bauen, die einen Menschen zum Mond und sicher wieder zurück auf die Erde bringt?“ Von Braun gab zur Antwort: „Der Wille, es zu tun.“

Der Wille ist eine unserer höheren Fähigkeiten. Er befähigt uns, eine Idee auf unserem geistigen Bildschirm festzuhalten und alle äußeren Ablenkungen auszuschließen. Fokussierst du dich auf eine Idee, muss sie unweigerlich eine Form annehmen. Es ist so, wie es Andrew Carnegie formulierte: Jeder im Geist mit Kraft festgehaltene Gedanke, den man entweder fürchtet oder verehrt, wird unverzüglich beginnen, sich in die praktischste und geeignetste Form zu kleiden, die zur Verfügung steht. Eines der wichtigsten Gesetze des Universums bezieht sich auf die fortlaufende Umwandlung von Energie. Energie nimmt ständig eine

Form an, bewegt sich durch die Form und verlässt diese wieder.

Energie und Form

An einem klaren Tag kann man am Himmel beobachten, wie sich eine kleine Wolke bildet. Das ist Energie, die Form annimmt. Wird die Wolke immer dunkler und schwerer, fällt Wasser aus ihr heraus. Bleibst du lange genug stehen, kannst du mitverfolgen, wie das Wasser wieder dorthin zurückkehrt, wo es hergekommen ist – die Energie kehrt zu ihrer Ursprungsquelle zurück. Dies trifft auch auf uns zu und auf alles, was wir benutzen.

Unser Leben folgt Gesetzen. Viele Menschen verstehen diese nicht und leben die meiste Zeit nicht im Einklang mit den Gesetzen. Sobald wir die Gesetzmäßigkeiten verstehen und unser Leben harmonisch auf diese ausrichten, bewegt sich alles in die richtige Richtung.

Ralph Waldo Emerson bezeichnete das Gesetz von Ursache und Wirkung als das Gesetz der Gesetze: Was wir aussenden, kehrt zu uns zurück. Wenn du viel Gutes gibst, wirst du viel Gutes zurückerhalten; weil du im Einklang mit dem Guten bist.

Als der Film *The Secret* herauskam, bewirkte er

viel Gutes. Aber er verwirrte auch viele Menschen. Sie glauben an das Gesetz der Anziehung: Man braucht nur an etwas zu denken, um es anzuziehen. Aber die meisten, die über das Gesetz der Anziehung reden, verstehen es nicht wirklich. Das Gesetz der Anziehung ist ein nachgeordnetes Gesetz. Diesem übergeordnet ist das Gesetz der Schwingung. Und dieses besagt, dass sich alles in Bewegung und nichts in Ruhe befindet. Wir leben in einem Ozean der Bewegung und denken auf einer bestimmten Schwingungsfrequenz. Gedanken sind Energie.

Die Frequenz deiner Gedanken bestimmt, was du anziehst; weil davon deine Schwingung abhängt. Du kannst nur das anziehen, womit du dich im harmonischen Einklang befindest. Wenn ein Mensch arm ist, kein Geld hat, noch nie Geld hatte und denkt, dass er reich wird, wird trotzdem arm bleiben. Er befindet sich in einer Schwingung der Armut. Sobald er dies erkennt und es ändert, gelangt er in eine andere Welt und spielt ein völlig neues Spiel.

Wir glauben alle, dass Bildung das Einverleiben von Wissen bedeutet. Aber das stimmt nicht. Die bekannte Pädagogin Maria Montessori meinte: „Wir schicken Kinder zur Schule und halten sie für Gefäße, die gefüllt werden müssen. Aber in Wahrheit sind die Gefäße bereits voll." Alles Wissen und alle Macht, die es jemals gab oder geben wird, sind immer und überall vorhanden. Du verfügst bereits über alles an Wissen und Macht, was du jemals brauchen wirst. Du erhältst keine Energie, sondern du setzt diese nach deinen eigenen Wünschen frei. Wenn du ein Verlangen hast, verfügst du auch über die Energie, dieses zu verwirklichen.

Unsere spirituelle DNA ist perfekt. In jedem einzelnen Menschen steckt Perfektion. Und diese strebt danach, sich in und durch uns auszudrücken. Unser Geist will sich immer ausdrücken und erweitern; er zeigt sich in unserer Essenz als reines, unverfälschtes Wesen. Er will sich immer auf noch großartigere Art und Weise Ausdruck verschaffen. Deshalb wollen wir Dinge haben. Aber eigentlich wollen wir gar nichts haben; wir wollen wachsen: „Ich will schneller laufen, ich will höher springen." Das Geistige will sich durch uns ausdrücken. Wir sind spirituelle Wesen. Manchmal hört man Leute sagen, dass sie eine spirituelle Erfahrung machen; aber das stimmt nicht. Sie sind spirituelle Wesen, die eine körperliche Erfahrung machen.

Die in uns liegende Vollkommenheit strebt ständig danach, sich auszudrücken. Aus diesem Grund wollen wir schneller laufen und höher springen. Und wenn wir im Verkauf tätig sind, wollen wir deswegen mehr verkaufen. Ganz egal, was wir tun: Wir haben das Verlangen in uns, es noch mehr zu tun. Aber wir sollten verstehen, woher das kommt.

Kreative Unzufriedenheit

Als ich ein kleiner Junge war, meinte meine Großmutter oft zu mir: „Du solltest mit dem zufrieden sein, was du hast." Meine Oma war ein Engel und ich wollte ihr nicht widersprechen; denn wie kann ein Engel sich irren? Doch sie irrte sich.

Wir sollten uns nie mit dem zufriedengeben, was wir haben.

Unzufriedenheit ist ein schöpferischer Zustand. Wenn wir mehr wollen, werden wir auch mehr tun. Es geht nicht darum, mehr zu bekommen. Falls du denkst, mehr zu haben würde dich zu einem besseren Menschen machen, belügst du dich selbst. Du wirst eine fürchterliche Enttäuschung erleben. Es geht darum, mehr *zu tun*. Damit bringst du mehr von dir in das Fest des Lebens ein. Und nichts anderes tue ich: Ich bringe mehr von mir an die Oberfläche. Ich will meine Aufgabe heute noch besser erfüllen als gestern.

Die Idee des Ruhestandes geht von der Vorstellung aus, im Leben so viel Geld zur Verfügung zu haben, dass man nicht mehr zu arbeiten braucht. Aber wir sind nicht für die Arbeit gemacht; die Arbeit ist für uns gemacht. Unsere Arbeit schenkt uns Zufriedenheit. Du tust deine Arbeit für dieses Gefühl der Zufriedenheit. Du erhältst eine Bezahlung, weil du deinen Mitmenschen dienst. Du verdienst dein Geld mit dem Erbringen einer Dienstleistung.

Hier gilt es, einiges klarzustellen: Wir verstehen das falsch, weil Menschen in Machtpositionen es falsch verstanden haben und es an uns weitergaben; und weil wir meinten, dass sie sich unmöglich irren konnten.

Unternehmen und Systeme

Bis hierher haben wir über Einzelpersonen gesprochen. Nun wollen wir diese Idee in einen größeren Rahmen bringen, wie zum Beispiel ein Unternehmen. Die Prinzipien sind sehr wichtig. Ich glaube jedoch nicht, dass Menschen in Schlüsselpositionen sie richtig verstehen. Es wird viel Geld für Systeme, Gebäude und Dinge ausgegeben, aber viel zu wenig für die Menschen.

Nehmen wir beispielsweise ein Hotel. Ist das Hotel menschenleer, ist es kein Hotel mehr – es ist einfach nur ein Gebäude voller Zeug. Ein Hotel besteht aus Menschen. Wenn wir ein Geschäft aufbauen wollen, müssen wir Menschen fördern.

Jeder besitzt Potenzial. Wir müssen lernen, dieses Potenzial zu entwickeln. Willst du, dass eine Person mehr leistet, solltest du ihre Wünsche in Erfahrung bringen. Sie wird sich mehr anstrengen, wenn sie auf etwas hinarbeitet, das sie wirklich will. Auch du musst etwas wirklich wollen, um mehr von dir in das Fest des Lebens einzubringen.

Häufig sagen wir zu einem Mitarbeiter: „Hören Sie mal, hier haben Sie einen Fehler gemacht. Ich will Ihnen zeigen, wie es richtig geht.“ Aber er kehrt trotzdem wieder zu seiner alten Vorgehensweise zurück, weil er darauf programmiert wurde. So will es sein Paradigma; man kann es nicht verändern, indem man dem Mitarbeiter etwas erzählt. Ein oder zwei Tage lang verhält er sich vielleicht anders, aber dann – zack! – kehrt er zu seinem Paradigma zurück.

Ein Paradigma ist wie ein Thermostat: Es stellt die Leistungsfähigkeit eines Menschen auf einen bestimmten Level ein. Wenn wir seinen Leistungslevel ändern wollen, müssen wir sein Paradigma verändern. Wir müssen den Thermostat anders einstellen. Dazu müssen wir seine Funktionsweise verstehen. Wir müssen die Menschen weiterbilden. Damit erkennen sie, wer sie sind, was sie sind und was sie antreibt.

Ich bin in Unternehmen gegangen und habe dort diese Prinzipien gelehrt – mit sagenhaften Ergebnissen. In den 1970er-Jahren schulte ich zwei der größten US-amerikanischen Versicherungsunternehmen, Prudential of America und Metropolitan. Sie erzielten Umsatzsteigerungen von hunderten Millionen Dollar, weil ich ihren Mitarbeitern aufzeigte, wie sie sich ein paar neue Gewohnheiten aneignen können. Ich brachte sie dazu, sich jeden Morgen um 9 Uhr mit einem Interessenten zusammenzusetzen und ihm einen Versicherungsvertrag im Wert von 100.000 Dollar anzubieten. Ich sagte ihnen: „Sie brauchen den Vertrag nicht zu verkaufen, fordern Sie Ihren Kunden einfach nur auf, ihn abzuschließen. Es gibt nur zwei Dinge, die Sie anders machen müssen: Legen Sie Ihren ersten Termin vor 9 Uhr morgens und fordern Sie jeden Kunden auf, eine Versicherung im Wert von 100.000 Dollar abzuschließen." In einer Woche verkauften die Versicherungsagenten mehr 100.000-Dollar-Verträge als zuvor in einem ganzen Jahr.

Ich führte Schulungen in Gefängnissen durch, hier geschah dasselbe. Erklärst du einem Menschen, warum er zu bestimmten Resultaten gelangt und wie er diese ändern kann, besteht die Wahrscheinlichkeit, dass er sie ändern wird. Drängt man ihn jedoch zur Veränderung, wird nichts passieren.

Die Menschen wehren sich nicht gegen Veränderungen; sie wehren sich dagegen, verändert zu werden. Wenn du beschließt, dich zu verändern, geschieht es auch. Wenn ich deine Veränderung entscheide, ohne dass du es selbst willst, wirst du dich gegen meine Anstrengungen wehren. Wir müssen die Menschen dazu bringen, dass sie sich selbst ändern, verbessern und mehr leisten wollen. Hierfür müssen wir verstehen, was sie antreibt. Wir müssen begreifen, wie ihr Geist funktioniert. Diese Aufgabe obliegt nicht nur Psychologen. Es ist etwas, das jeden angeht; denn Geist ist Bewegung und unser Körper ist die Manifestation dieser Bewegung.

Es gibt eine Geschichte über Mahatma Gandhi. Ein Mann bahnte sich durch eine gewaltige Menschenmenge seinen Weg und überreichte Gandhi ein Blatt Papier. Er bat: „Würdest du mir bitte eine tiefgründige Botschaft aufschreiben, die ich mit nach Hause nehmen kann?“ Und Gandhi schrieb: „Ich bin meine Botschaft.“ Bist du eine Führungskraft, musst du auf dem Schwingungslevel agieren, auf dem auch die Menschen um dich herum agieren sollen. Du musst deine Ziele für deine Organisation oder dein Unternehmen vorleben.

Wenn wir wollen, dass die Menschen sich selbst verstehen, müssen wir uns selbst verstehen. Wir müssen mit ihnen gemeinsam studieren.

Was mir an der Zusammenarbeit mit Earl Nightingale am besten gefiel, war sein unermüdliches Selbststudium. Er studierte dauernd; ganz so, wie Gandhi es mit seinen Worten „Ich bin die Botschaft" meinte. Earl war die Botschaft.

Ich beobachtete genau, wie er sich verhielt und was er studierte. Einmal befand sich auf dem Buchständer auf seinem Schreibtisch ein Buch von Thomas Troward, einem Autor inspirierender Werke aus dem frühen 20. Jahrhundert. Es war auf einer bestimmten Seite geöffnet.

„Was ist so besonders daran?", fragte ich ihn.

„Ich studiere das seit drei Monaten."

„Dieselbe Seite?"

„Ja. Wenn ich sie begriffen habe, gehe ich zur nächsten Seite über."

So habe ich es dann auch gemacht. Ich habe mir alle Bücher von Troward besorgt und studiere sie ständig. Ich begann, es Earl gleichzutun. Er war die Botschaft für mich. Ich denke, so müssen wir uns alle verhalten. Wenn wir Menschen führen wollen, müssen wir das tun, was wir von ihnen erwarten. Es ist sinnlos, anderen zu sagen, was sie tun sollen, wenn wir es selbst nicht tun.

Deine Programmierung verstehen

Paradigmen sind das wichtigste Konzept, das ein Mensch studieren kann. Sie lenken alles in unserem Leben. Ich denke, ich habe dieses Konzept schon ziemlich gut durchdrungen. Aber ich möchte es noch besser verstehen; deshalb studiere ich immer weiter. Veränderungen können nur durch Wiederholung herbeigeführt werden. Hätte man dir deinen Namen nur ein einziges Mal gesagt, würdest du ihn heute nicht wissen. Du musstest immer wieder mit deinem Namen gerufen werden, bis du schließlich darauf reagiert hast.

Ein Großteil der Ideen, die Menschen lenken, sind absurd und wurden von Leuten kreiert, die vor 300 oder 400 Jahren gelebt haben. Die Ideen wurden ständig weitergegeben und zum Bestandteil deiner DNA. Sie verfestigten sich in dir, bis du etwa 280 Tage nach deiner Zeugung das Licht der Welt erblickt hast. Damals war dein Geist weit offen. Alles, was um dich herum geschah, drang direkt in dein Unterbewusstsein ein.

Die meisten starten aus einer schwierigen Position ins Leben. Das ist in Ordnung, da du es ändern kannst. Ich begann im Alter von 26 Jahren damit, mich zu verändern. Ich habe recht viel erreicht und einigen Millionen Menschen geholfen weiterzukommen; aber es gibt für mich noch viel zu lernen.

Ich mache dies schon seit langer Zeit. Ich habe in Gefängnissen, Schulen und Unternehmen gearbeitet. Der Mensch ist ein faszinierender Ausdruck des Lebens. In uns liegen unglaubliche Kräfte versteckt. Um uns zu verändern, müssen wir verstehen, worum es geht. Möchtest du Autofahren lernen, musst du wissen, wozu der Ganghebel gut ist. Und willst du mit deinem Computer etwas anfangen, musst du ein wenig über ihn wissen. In unserem Computer befinden sich Programme, auf die wir uns verlassen. Wollen wir ein Programm ändern, wenden wir uns an jemanden, der die Programmiersprache beherrscht.

Dein Paradigma ist ein Programm, das sich in deinem Biocomputer befindet. Die Leute, die dieses lebensbeherrschende Programm erschaffen haben, wussten nichts über den Geist. Sie gaben nur das weiter, was sie einst erhielten. Dennoch installierten sie dieses Programm durch Wiederholung in uns. Viele Dinge wurden uns immer wieder gezeigt: Wie man einen Löffel benutzt, wie man geht, wie man einen Fuß vor den anderen setzt. Das geschah durch Wiederholung – geduldige, ständige, regelmäßige Wiederholung.

Einstellung: das magische Wort

Einstellung ist alles. Es hängt von der Einstellung eines Menschen ab, wie viel ihm diese Inhalte bringen werden. Die Einstellung ist das Gesamtprodukt unserer Gedanken, Gefühle und Handlungen. Sie sind miteinander verbunden, wie die Farben eines Regenbogens.

Die Tonaufnahme *Das magische Wort* von Earl Nightingale habe ich mir immer wieder angehört, vielleicht an die 10.000 Mal. Das magische Wort ist *Einstellung*. Durch das wiederholte Anhören dieser Schallplatte begriff ich, worum es sich bei der Einstellung handelt. Und mir wurde meine eigene Einstellung bewusst. Mir wurde bewusst, dass ich eine negative Einstellung zu mir selbst und zu meinen Fähigkeiten hatte. Zuerst musste ich verstehen, was Einstellung bedeutet; dann musste ich begreifen, wie man sie ändern kann. Ich veränderte sie auf dieselbe Weise, wie sie entstand. Irgendjemand hatte sie mir durch Wiederholungen eingepflanzt. Was Earl zum Thema Einstellung zu sagen wusste, lief allem zuwider, was ich bis dahin gelernt hatte. Und so hörte ich mir seine Tonaufnahme ununterbrochen an.

Von Napoleon Hills Buch *Denke nach und werde reich* besitze ich eine Ausgabe mit schwarzem Ledereinband. Seit 1963 lese ich in diesem Exemplar jeden Tag ein paar

Seiten. Ich begann das Buch zu lesen, als ich 26 Jahre alt war. Meine 2 Jahre ältere Schwester Helen hatte eine Freundin namens Pat, die sehr viele Bücher las. Man sah sie nie ohne irgendein Buch. Ich glaube, sie las alles, was in der örtlichen Bücherei vorhanden war.

Denke nach und werde reich war das erste Buch, das ich je las.

Als man mir das Buch gab, sagte ich: „Ich kann nicht lesen." Das stimmte natürlich nicht. Ich konnte lesen, aber nicht besonders gut; wie die meisten auf dem Niveau eines Siebtklässlers.

Als ich anfing, dieses Buch zu lesen, meinte meine Schwester zu Pat: „Bob hat mit dem Lesen angefangen."

Und als ich Pat sah, meinte sie zu mir: „Helen hat gesagt, dass du jetzt liest?"

„Ja."

„Was liest du denn?"

„Ein gutes Buch, es würde dir sicher auch gefallen. Es heißt Denke nach und werde reich." Sie lächelte.

Ein paar Monate später traf ich sie wieder. „Bob, liest du immer noch?", wollte sie wissen.

„Ja", gab ich zurück.

„Und was liest du?"

„*Denke nach und werde reich.*"

„Ach, da warst du doch schon dabei, als wir uns das

letzte Mal sahen."

„Ja", meinte ich, „ich lese es immer noch".

Da sah sie mich komisch an.

Ein paar Monate später fragte mich Pat: „Liest du immer noch?"

„Ja."

„Und was liest du?"

„*Denke nach und werde reich.*"

Ich habe dieses Buch sehr lange gelesen.

Damit tat ich, was für das Ändern meines Paradigmas notwendig war. Das wusste ich aber nicht; ich tat es nicht mit Absicht. Mich faszinierte einfach nur der Inhalt.

Pat hielt das für ein merkwürdiges Verhalten. Sie las ein Buch und machte mit dem nächsten weiter. Pat war sehr gebildet, weil sie so viele Bücher las; aber sie wusste nichts über sich selbst. Sie arbeitete als Reinigungskraft. Sie und ihr Mann hatten nichts. Sie haben nichts erreicht und nichts in ihrem Leben geleistet. Sie kamen einfach nur über die Runden. Als Gottes höchste Schöpfungsform kamen sie nur gerade so zurecht.

In meinen Seminaren sage ich oft: „Wenn wir ein gutes Buch zum zweiten Mal lesen, dann sehen wir im Buch nicht etwas, das zuvor nicht drinstand, sondern wir sehen etwas in *uns selbst*, das vorher nicht da war." Durch Wiederholung erweitert sich unser Bewusstsein.

Ich will dir noch ein weiteres Beispiel für die Notwendigkeit von Wiederholung geben. Als ich klein war, hatte ich einen Freund namens Jack Gregory. Wenn wir bei ihm zu Hause herumhingen, fragte ich häufig: „Kommt dus?"

Darauf antwortete Jacks Mutter: „Bob, es heißt nicht *dus*, sondern *ihr*."

Ich dachte, dass sie keine Ahnung hatte; wenn man zu mehr als einer Person sprach, musste es doch dus heißen. Ich redete die beiden immer mit *dus* an und seine Mutter korrigierte mich dauernd.

Dann hörte ich einmal, wie jemand sich an mehr als eine Person mit der Frage wandte: „Kommt ihr?" Dasselbe hörte ich erneut bei anderen ähnlichen Gelegenheiten.

Ich versuchte, mich selbst zu korrigieren. Wenn ich „Kommt dus?" sagen wollte, unterbrach ich mich sofort und fragte „Kommt ihr?". Das fühlte sich für mich sehr unangenehm an; aber schließlich gelang es mir, meine Sprechgewohnheit zu ändern.

Immer wenn ich heute jemanden „Kommt *ihr*?" fragen höre, muss ich sofort an Mrs. Gregory denken. Durch ihre ständigen Wiederholungen schuf sie in mir ein Bewusstsein für diesen Sprechfehler. Ich glaube nicht, dass dies ihre Absicht war – aber genau das tat sie.

Und genau das müssen wir auch tun. Wir müssen in uns das Bewusstsein dafür schaffen, dass unser gewohnheitsmäßiges Verhalten uns nicht die Resultate bringt, die wir haben wollen. Wir müssen uns bewusst werden, wie wir unser Verhalten verändern können. Und wir müssen es auf dieselbe Weise ändern, wie wir es kreiert haben: durch Wiederholung.

Lies immer wieder dasselbe Buch, höre dir immer wieder dieselbe Audioaufnahme an. Wenn du dir Earl Nightingales Tonaufnahme *Das magische Wort* ein halbes Jahr lang mehrmals täglich anhörst, garantiere ich dir, dass du dir deiner Einstellung sehr präzise bewusst wirst. Und obwohl das simpel klingt, wird es dein Leben verändern. Ich besitze noch heute meinen alten Plattenspieler und die kleinen Schallplatten mit Earls Tonaufnahmen aus den frühen 1960er-Jahren. Ich höre sie mir nach wie vor immer wieder an; weil ich weiß, dass ich meine Einstellung noch mehr verbessern kann.

Kapitel 2

Lebst du im Paradigma eines anderen?

Es ist sehr wahrscheinlich, dass du nicht mit einem von dir selbst erschaffenen Paradigma lebst. Nur selten kommt es vor, dass ein Mensch mit seinem eigenen Paradigma lebt. Fast jeder hat sein Paradigma nicht selbst gestaltet; es stammt von den Eltern, den Aufsichtspersonen oder jemand anderem und es bestimmt das gesamte Leben.

Erschaffe die Welt, die du haben willst

Dein Unterbewusstsein verhält sich entsprechend den

Anweisungen deines Paradigmas. Es ist weit geöffnet und nimmt alles auf, was um dich herum geschieht. Das Unterbewusstsein arbeitet völlig deduktiv. Es besitzt nicht die Fähigkeit, irgendetwas hervorzubringen. Es ist auch völlig amoralisch. Es ist wie die Erde, der es egal ist, was wir in sie einpflanzen. In *Das Seltsamste Geheimnis* schreibt Earl Nightingale, dass man Zuckermais und nur wenige Millimeter davon entfernt die tödlich giftige Tollkirsche pflanzen kann. Die eine Pflanze wird genauso gut gedeihen wie die andere.

So ist es auch mit dem Unterbewusstsein. Alles, was wir diesem einpflanzen, wird gedeihen. So wie die Erde kann das Unterbewusstsein nicht unterscheiden, was gut und was schlecht ist; es akzeptiert alles und lässt es wachsen. Dein Unterbewusstsein drückt sich durch dein Handeln aus.

In vielen Seminaren sollen die Teilnehmer aufschreiben, wie und wo sie leben wollen, was sie tun und verdienen wollen und mit welchen Menschen sie sich umgeben wollen. Wenn sie all dies im Detail notiert haben, entsteht in ihrem Kopf ein Vorstellungsbild.

Für die meisten ist das auch das Ende der Übung. Mit unserer Vorstellungskraft und unserem Verstand haben wir dieses Bild erschaffen; aber nur durch Wiederholung können wir diese Idee in unser Unterbewusstsein einpflanzen. Damit dies geschieht, müssen wir sie immer und immer wieder aufschreiben.

An jedem Morgen schreibe ich dreimal 9 Zeilen und schicke sie an meine Geschäftspartnerin Sandy Gallagher. Sie macht dasselbe; wir sind auf derselben Schwingungsfrequenz. Wir schreiben auf, wie wir unser Geschäft sehen und was wir damit erreichen wollen. Und wir stärken diese Vision durch stetes Wiederholen. Das machen wir 12 oder 14 Monate lang. Wir erschaffen die Welt, in der wir in unserem Unternehmen leben wollen.

So muss es gemacht werden. Schreiben führt zum Denken, Denken kreiert Bilder. Mithilfe deiner Vorstellungskraft erschaffst du ein Bild in deinem Bewusstsein; du malst es mit Worten aus und schaffst etwas Schönes.

Ich fragte einmal einen Maler, wie er seine schönen Bilder hervorbringt. Seine Antwort war: „Ich träume mein Bild und dann male ich meinen Traum." Im Prinzip machen wir genau dasselbe: Wir träumen unser Bild und malen diesen Traum. Indem wir diese Vision immer wieder schriftlich fixieren, pflanzen wir sie über unser Unterbewusstsein in die universelle Intelligenz ein.

Die universelle Intelligenz des Unterbewusstseins folgt den Gesetzmäßigkeiten und zwar unabhängig davon, ob wir uns mitten in Afrika oder im Zentrum Chicagos befinden. Wenn du deinem Unterbewusstsein immer wieder eine Idee aufprägst, muss diese Idee sich entsprechend den Gesetzen durch dich manifestieren. Dieser Prozess führt dazu, dass wir uns etwas anders verhalten, da diese Idee ausgedrückt werden muss.

Kurz nachdem *The Secret* herausgekommen war, saß ich in einem Flugzeug. Der Mann im Sitz hinter mir beugte sich vor und klopfte mir auf die Schulter.

Ich lächelte und fragte: „Wer sind Sie?"

Er war ein Golfprofi, der zum FedEx-Turnier nach New York flog. Er hatte gerade den Film gesehen und sagte: „Ich glaube, Sie können mir helfen."

„Wahrscheinlich kann ich Ihnen sogar sehr helfen", gab ich zurück.

Und so erzählte ich ihm, wie er die Ideen in seinem Unterbewusstsein in Ordnung bringen und ein neues Paradigma erschaffen kann.

Genau das musst du auch machen. Das Paradigma ist das Bild, das dein Verhalten kontrolliert und dir die gewünschten Ergebnisse bringt. Du brauchst dir keine Gedanken machen, woher diese kommen sollen. Sie werden kommen, weil du in Harmonie mit ihnen bist.

Willst du?

Bedenke: Nichts wird erschaffen oder zerstört. Wissenschaft und Theologie lehren dies gleichermaßen. Alles ist bereits hier, in dem einen oder anderen Zustand. Häufig fällt den Menschen das Treffen von Entscheidungen schwer, weil sie nicht wissen, woher die Ressourcen zur Umsetzung kommen sollen. Ich sage: Die einzige Voraussetzung für eine Entscheidung ist die Frage, ob du es willst. Geld, Hilfe, Menschen – nichts davon ist wichtig. Die einzige Voraussetzung für eine Entscheidung ist die Frage: *Willst du es*? Das Gewünschte befindet sich auf einer Schwingungsebene, die sehr viel höher liegt als deine. Wenn du dich unumstößlich für etwas entscheidest, springt dein Geist auf diese Schwingungsebene. In dieser Schwingung musst du bleiben, damit sie zum Bestandteil deines neuen Paradigmas werden kann. Diese Schwingungsfrequenz musst du beibehalten; sie bestimmt über dein Verhalten und selbst darüber, was du anziehst. Unser Geist funktioniert auf dieselbe Weise wie ein Radio oder Telefon. Du musst dich auf die Frequenz einschwingen, die dem entspricht, was du haben willst.

Als ich ungefähr 15 Jahre alt war, bekam meine Familie das erste Telefon. Es war eine Gemeinschaftsleitung, die sich um die 50 Familien miteinander teilen mussten. Warum musste es eine Gemeinschaftsleitung sein? Weil wir nicht wussten, dass es unendlich viele

Frequenzen gibt. Sobald uns das bewusst war, konnte jeder ein Telefon haben. Es gibt Millionen von Telefonen, weil eine unendliche Anzahl von Frequenzen existiert.

Deine Telefonnummer ist eine Frequenz. Auf der Ebene des Geistes entspricht dein Paradigma deiner Frequenz. Das Bild im Unterbewusstsein diktiert unsere Schwingungsfrequenz, unser Verhalten und das, was zu uns kommt.

Während ich diese Zeilen schreibe, wütet in der Welt eine Pandemie. Das ist traurig, aber ich lasse mich davon nicht aufhalten. Ich halte mich an die Gesetzmäßigkeiten und weiß, dass ich alles anziehen werde, was ich benötige. Es wird kommen, wenn ich es unbedingt brauche – und nicht früher; denn so funktioniert das Gesetz. Ich muss geduldig sein und alles Erforderliche tun, um in dieser Schwingung zu bleiben.

Entschlossene Vorstellungskraft

Ich will mehr, als ich jetzt habe. Nicht um des Geldes willen, sondern weil ich wachsen will. Ich will mir der Einheit mit der unendlichen Intelligenz, mit Gott, noch bewusster werden. Wenn wir dies wirklich verstehen und ständig daran arbeiten, wird es geschehen; aber wir müssen ständig am Ball bleiben. Wir müssen ein

Bild vom gewünschten Guten malen und es schriftlich festhalten. Wenn wir ein Bild in unserem Bewusstsein erschaffen, müssen wir es dem Unterbewusstsein durch Wiederholung aufprägen und uns erlauben, es zu fühlen. Es muss völlig real für uns sein.

Neville nannte dies die „entschlossene Vorstellungskraft". Alle Wunder beginnen, indem wir vom Ende her denken. Du arbeitest nicht auf etwas hin, sondern bewegst dich dorthin, wo du dich in deinem Geist bereits befindest und lässt dich mit deinen Emotionen darauf ein. Es ist nur eine Frage der Zeit, bis es sich auf der physischen Ebene verwirklicht. Dafür musst du im Hier und Jetzt leben. Ich habe es *jetzt*: In der Sekunde, in der ich es im Geist sehe, in der Sekunde, in der ich es mit starken Gefühlen auflade, habe ich es.

Zwar werden dich alle für ein wenig verrückt halten, aber das ist in Ordnung. Das tun sie sowieso. Sie wissen es nicht besser und sie wissen nicht einmal, dass sie es nicht wissen. Du bewegst dich voran und sie nicht. Deshalb halten sie dich für verrückt und meinen, dass du einen Fehler machst. In Wahrheit beginnst du, dich richtig zu verhalten; nur ein kleiner Prozentsatz der Bevölkerung tut dies. Um die 95 Prozent versuchen es, nur 5 Prozent schaffen es.

Eine Frau aus Deutschland lehrte mich etwas, das

ich intuitiv wohl bereits wusste, aber noch nie gehört hatte. Sie sagte zu mir: „Jeder Erfolg besteht zu 5 Prozent aus der richtigen Strategie und zu 95 Prozent aus der richtigen Einstellung." Es stimmt.

Wir wurden programmiert und dazu gehört, von außen nach innen zu leben. Uns wurde beigebracht, durch unsere Sinnesorgane zu leben. „Wirst du wohl auf das *hören*, was ich dir sage?"; „Wirst du wohl *hinsehen*, wenn ich dir etwas zeige?" Bei mir zu Hause gibt es zwei kleine Hunde. Sie können sehen, hören, riechen, schmecken und fühlen; aber sie haben nicht meine Faktoren des Intellekts: Wahrnehmung, Wille, Verstand, Vorstellungskraft, Intuition und Gedächtnis.

Ziele vom Typ A, B und C

Wir gehen Dinge falsch herum an. Ziele dienen nicht dazu, etwas zu bekommen; das ist nur ein Nebeneffekt. Ziele sind dazu da, uns wachsen zu lassen. Sie ermöglichen uns, diese wunderbare Kraft zu nutzen, die in uns liegt. Ich teile meine Ziele in die Kategorien A, B und C ein. A-Ziele betreffen Dinge, von denen wir bereits wissen, wie es geht.

In einem meiner Seminare fragte ich einmal einen Teilnehmer: „Was ist Ihr Ziel?"

„Ich will ein neues Auto“, war seine Antwort.

„Was für ein Auto wollen Sie?”, fragte ich weiter.

„Einen Pontiac.“

„Und was fahren Sie jetzt?“

„Einen Pontiac.“

„Ich verstehe“, gab ich zurück, „wie alt ist Ihr Auto?“

„4 Jahre.“

„Und wie lange haben Sie es schon?“

„4 Jahre.“

„Das heißt also, dass Sie sich vor 4 Jahren einen neuen Pontiac gekauft haben, richtig?“

„Ja.“

„Dann ist das kein gutes Ziel für Sie. Wie Sie an einen neuen Pontiac kommen können, wussten Sie schon vor 4 Jahren. Das bringt Sie nicht weiter. Das soll nicht heißen, dass Sie sich keinen neuen Pontiac holen sollen; aber es ist kein gutes Ziel. Seit 4 Jahren wissen Sie, wie das geht. Genauso wenig ist es ein Ziel, sich im Laden frisches Brot zu kaufen. Wir machen das natürlich, aber es hat nichts mit unserem Wachstum zu tun.“

Als Nächstes gibt es die B-Ziele. Ein B-Ziel betrifft etwas, von dem wir meinen, dass wir es können: „Wenn diese Person mir zurückzahlt, was sie mir schuldet, und wenn dann dieses und jenes geschieht, dann könnte ich es tatsächlich erreichen.“ Bei einem B-Ziel können wir sehen, wie wir es erreichen werden. Wenn eine ganze Reihe von Bedingungen und Umständen eintritt und die Dinge auf eine bestimmte Art und Weise geschehen, könnten wir das Ziele erreichen.

Bei einem Ziel vom Typ C haben wir nicht die leiseste Ahnung, wie wir es schaffen sollen. Es liegt völlig im Dunkeln und weit jenseits von allem, was wir je getan haben; aber es ist das, was wir wollen. Du willst dieses eine Haus. Du willst genau diesen einen Job. Du willst dieses eine Geschäft. Du willst genau das erreichen. Aber du hast keine Idee, wie du es bewerkstelligen sollst. Du hast weder das Geld noch die Zeit dafür und auch nicht die erforderlichen Ressourcen, aber du willst es erreichen.

Genau das ist die einzige echte Voraussetzung für dein Ziel: Du musst es wirklich wollen. Dieses Wollen entspringt der Essenz unseres Wesens, der uns innewohnenden Vollkommenheit. Diese perfekte spirituelle DNA motiviert uns, indem sie in unser Bewusstsein tritt: „Das soll dein Ziel sein."

Es war im Jahr 1973 in einem Haus in der Maplewood Lane in Glenview, Illinois. Ich hatte gerade meine Arbeitsstelle bei der Nightingale-Conant Corporation aufgegeben.

Außer mir war nur meine Familie anwesend. Ich

nahm einen Stift und schrieb: „Ich werde ein Unternehmen aufbauen, das auf der ganzen Welt operiert." Ich hatte keinerlei Vorstellung davon, wie ich das machen sollte. Ganz sicher hatte ich nicht genug Geld, um so etwas auf die Beine zu stellen. Ich hatte keine Hilfe und keine Angestellten – aber ich hatte eine Idee.

Es ist so, wie Andrew Carnegie sagte: Jeder im Geist mit Kraft festgehaltene Gedanke, den man entweder fürchtet oder verehrt, wird unverzüglich beginnen, sich in die praktischste und geeignetste Form zu kleiden, die zur Verfügung steht. Das erinnert mich an das große Leiden des biblischen Hiob, der sagte: „Was ich gefürchtet habe, ist über mich gekommen." (Hiob 3,25) Wenn du dich vor etwas fürchtest, wirst du es anziehen.

Ich hatte keine Ahnung, wie es geschehen würde. Dennoch schrieb ich: „Ich werde ein Unternehmen aufbauen, das auf der ganzen Welt operiert." Heute sind wir in 89 Ländern aktiv. Ich habe einen TV-Sender aufgebaut, dessen Programm wir auf der ganzen Welt ausstrahlen können. Meine Seminare werden in 119 Länder gestreamt.

Das war mein Bild und es hat sich verwirklicht. Zurzeit arbeiten etwa 3.000 Vertriebspartner für uns. Ich will, dass es 100.000 werden. Von meinem Ziel bin ich noch weit entfernt. Aber ich verhalte mich so, als ob ich bereits dort wäre; weil ich in meinem Bewusstsein bereits dort bin.

Mit einem C-Ziel gehst du dorthin, wo du noch nie warst. Steve Jobs sagte: „Wenn man nach vorne blickt, kann man die Zusammenhänge nicht erkennen. Erst in der Rückschau erkennt man sie.“ Du erkennst zwar, wie du dahin gekommen bist, wo du heute stehst. Jedoch kannst du nicht erkennen, wie du dorthin gelangen kannst, wo du dich hinbewegst. Hältst du an deinem geistigen Vorstellungsbild fest und lässt dich mit deinen Emotionen darauf ein, wird sich der Weg von selbst zeigen. Trachte zuerst nach diesem Reich und seiner Entfaltung in Gerechtigkeit und dir wird alles zufallen. Du wirst alles Erforderliche anziehen. Hältst du an deinem Bild fest, wird alles, was du brauchst, zu dir kommen; aber nicht eher.

Ziehe an, was das brauchst

Vor mehr als 15 Jahren hielt ich ein Seminar in Vancouver im US-Bundesstaat Washington ab. Eine Teilnehmerin war Finanzanwältin. Sie war gekommen, weil man ihr erzählt hatte, dass es sich um ein Management-Training handelte. Es war jedoch kein Management-Seminar, sondern es ging um „Die Wissenschaft des Reichwerdens“. Sie verliebte sich in dieses Wissen. Diese Frau ist promovierte Juristin und befasste sich mit dem Kauf und Verkauf von Banken und der Umwandlung von Banken in Aktiengesellschaften. Sie hat die besten US-amerikanischen und britischen Universitäten besucht und alle Prüfungen mit Bestnoten bestanden.

Diese Frau verliebte sich in das, was ich tue. Sie kaufte alles, was wir anzubieten hatten. 3 Jahre später wurde sie meine Geschäftspartnerin. Ihr gehört die Hälfte des Unternehmens. Ihr Name ist Gallagher, deshalb heißt unser Unternehmen Proctor Gallagher Institute. Ihr Genie hilft uns, zu wachsen. Sie versteht das Geld, ich nicht. Ich weiß, wie ich es bekomme; aber ich kann nicht richtig damit umgehen.

Deshalb wächst unser Unternehmen schnell und ist erfolgreich: Ich habe das angezogen, was ich brauchte. Wir arbeiten mit einem jungen Mann zusammen, der alles in unserem Studio perfekt versteht. Er kommt aus dem englischen Manchester und kennt sich mit allem aus. Wenn er wollte, könnte er das Studio sogar von England aus mit seinem Smartphone steuern. Unser Kreativdirektor war beim Fernsehen schon mit allen möglichen Aufgaben betraut. Wir besitzen eines der phänomenalsten Teams, das man je gesehen hat. Alle diese Menschen habe ich angezogen, weil ich im Jahr

1973 in einem Haus in der Maplewood Lane in Glenview, Illinois, mein Ziel auf ein Blatt Papier schrieb.

Sobald ich dieses Ziel aufgeschrieben hatte, machte ich mich an die Arbeit; so als ob ich es bereits erreicht hätte, denn genau so muss man sich verhalten. Neville meinte: „Die Zukunft muss in der Vorstellung desjenigen zur Gegenwart werden, der seine Umstände weise und bewusst kreiert."

Neville sprach auch davon, dass wir „vom Ende her denken" sollen. Du sollst nicht auf ein Ziel hinarbeiten, sondern schon in der Sekunde dort sein, in der du es aussprichst. Vom Ende her zu denken bedeutet, die von Verlangen erfüllte Welt intensiv wahrzunehmen. Du musst dich mit dem sehen, was du willst; und dich so verhalten, als ob du es bereits hättest. Mache dein Paradigma zu dem Bild deines gewünschten Lebensstils. Frage dich für jeden Lebensaspekt, den du ändern willst: Wie soll er sich verändern und wie er soll er aussehen? Beschreibe alles detailliert und unbedingt in der Gegenwartsform. Beginne immer mit diesen Worten: „Ich bin jetzt so glücklich und dankbar, dass …"

Manche haben Bedenken, dass sie ihr Ziel vielleicht zu hochstecken. Sie meinen, ein Ziel sollte zumindest ein wenig realistisch sein, sonst könnte man es übertreiben und sich selbst überfordern. „Realistisch" ist ein interessantes Wort – es ist Bestandteil des Paradigmas. Die Brüder Wright waren nicht realistisch. Ich hatte das große Glück, zwei- oder dreimal mit Sir Edmund Hillary zusammenarbeiten zu können. Er ist nicht mehr unter uns, Gott segne ihn. Er war sicher nicht realistisch, als er als erster Mensch den Mount Everest bestieg. Zahlreiche Menschen waren bei dem Versuch, den Gipfel dieses Bergs zu erklimmen, ums Leben gekommen.

Ich glaube nicht, dass es irgendeine Grenze für das gibt, wozu du fähig bist. Trotzdem könntest du dir selbst Probleme bereiten, wenn du es anfangs übertreibst. Damit würdest du versuchen, die Dinge herbeizuzwingen. Wir wissen nicht, wie lange es dauert, sich für einen Marathonlauf fit zu machen. Wir wissen nicht, wie lange es dauert, eine Million Dollar zu verdienen. Wir wissen nur, dass wir es schaffen können. Dein Zeitrahmen unterscheidet sich vielleicht von meinem.

Das neue Paradigma ist eine Idee und alle Samen haben eine bestimmte Reifezeit. Bei einem menschlichen Kind beträgt diese 280 Tage. In meiner Heimat Kanada braucht eine Karotte ca. 70 Tage, bis sie erntereif ist. Wir kennen nicht die Reifezeit eines geistigen Samens, einer Idee. Niemand kann sagen, wie lange die Reifezeit einer Idee dauert. Wir können die Dauer nur vermuten; und da wir ja nur raten, liegen wir meistens falsch. Ich kenne einige Leute, die richtig geraten haben und ihr Ziel genau an dem Tag erreichten, den sie visualisiert hatten; aber das ist eher ungewöhnlich. Dennoch denke ich nicht, dass es eine Grenze für das gibt, was wir erreichen können. Wir arbeiten mit der unendlichen Intelligenz und mit den Gesetzen, die alles lenken. Alles geschieht entsprechend dieser Gesetze. Wenn etwas falsch läuft, haben wir dagegen verstoßen.

Erschaffen oder zerstören

Die Bibel sagt: „Der Lohn der Sünde ist der Tod." (Römer 6,23) Als ich das als Kind hörte, dachte ich mir: „Auweia, das ist aber streng!"

Stimmt es? Ja! Ich verstand damals noch nicht, was mit „Tod" gemeint war. Ein grundlegendes Gesetz des Lebens lautet „erschaffen oder zerstören". Wenn du dich nicht nach vorn bewegst, fällst du zurück. Wenn du gegen das Gesetz verstößt, ist dies eine Sünde. Du gehst rückwärts, du arbeitest gegen das Gesetz und du versuchst, Dinge zu erzwingen. Arbeitest du jedoch mit dem Gesetz, kommst du voran. Und wenn du es richtig machst, ist alles wunderbar im Fluss. Höchstwahrscheinlich handelst du gegen das Gesetz, wenn du wirklich zu kämpfen hast.

Einmal erarbeitete ich ein Seminarprogramm für ein Multimillionen-Dollar-Unternehmen. Ich mochte den Projektleiter und er mochte mich; aber was wir da versuchten, war ein zu großer Kampf. Ich merkte dies bald und meinte zu ihm, dass wir es vergessen sollten, da es zu anstrengend war. „Ich denke, wir arbeiten hier gegen das Gesetz", sagte ich. „Irgendetwas stimmt nicht mit unserem Vorhaben. Ich weiß nicht, was es ist, aber ich denke, du stimmst mir zu. Es ist ein Kampf, aber das sollte es nicht sein; alles sollte frei fließen." Wenn sich für dich alles ineinanderfügt, machst du es richtig; dann hältst du dich an das Gesetz.

Der Science-Fiction-Autor Robert Heinlein schrieb einmal: „Wenn klar definierte Ziele fehlen, gilt merkwürdigerweise unsere Loyalität täglichen Nichtigkeiten, bis wir schließlich zu deren Sklaven werden." Ich beziehe dieses Zitat auf die Situation eines neugeborenen Babys. Es wird mit Nichtigkeiten überschüttet – die Gespräche der Menschen um es herum, die Dinge, die sie für wichtig halten, Sorgen hier und Sorgen da: „Was ist, wenn dies geschieht? Und was ist, wenn das passiert?" All diese Nichtigkeiten führen zu einer Versklavung des Babys. Sie werden zum Bestandteil seines Paradigmas und richten beträchtlichen Schaden an.

Finde deine Lebensaufgabe

Wir alle brauchen eine Aufgabe in unserem Leben, einen Grund, um morgens aufzustehen. Hast du eine Aufgabe im Leben und lässt dich von ihr leiten, werden diese Belanglosigkeiten von dir abperlen wie Wasser vom Rücken einer Ente; weil du nicht im Einklang mit ihnen bist.

Der Zukunftsforscher Joel Barker schrieb ein Buch über *Paradigmen*, in dem es heißt: „Um Ihre Zukunft gestalten zu können, müssen Sie willens und fähig sein, Ihr Paradigma zu ändern." Der Wille ist sehr wichtig. Hast du keine Lebensaufgabe, ist es sehr wahrscheinlich, dass dir der Wille fehlt; weil du Dinge tun musst, die zuerst keinen großen Sinn ergeben. Du musst damit beginnen, Dinge zu tun, die deinem Paradigma zuwiderlaufen.

Zu meinem Paradigma gehört es beispielsweise, dass ich morgens um halb 6 Uhr in meinem Studierzimmer bin und meine schriftlichen Übungen mache. Als letztes notiere ich mir 10 Dinge, für die ich dankbar bin. Das mache ich jeden Tag; das fällt mir nicht schwer. Es wäre eher schwierig für mich, es nicht zu tun; denn es gehört jetzt zu meinem Paradigma. Wenn du diese Dinge zum ersten Mal tust, formst du nicht nur eine neue

Gewohnheit, sondern zerstörst auch eine alte. Das ist nicht leicht. Aus diesem Grund haben viele Menschen Schwierigkeiten beim Abnehmen: Sie wollen sich nicht nur neue Gewohnheiten aneignen, sondern auch alte ablegen. Fühlst du dich deiner Aufgabe nicht stark verbunden, bist du wahrscheinlich nicht dazu bereit.

Du brauchst eine Aufgabe, die dir wirklich etwas bedeutet; einen Grund, um morgens aufzustehen. Wir sind nicht hier, um nur gerade so viel zu verdienen, dass wir über die Runden kommen. Deine Aufgabe ruft in dir den Willen hervor, den Preis hierfür zu bezahlen. Ohne eine Aufgabe würdest du es nicht tun.

Wie entscheidest du dich für eine Aufgabe? Dafür brauchst du eine gewisse Disziplin. Du kannst dich hinsetzen und dich fragen, was du wirklich gerne tust. Ich glaube fest daran, dass wir alle dazu veranlagt sind, irgendetwas besonders gut zu können. Ich kann das, was ich tue, wirklich gut. Sonst kann ich eigentlich nichts richtig gut, aber ich will auch nichts anderes tun. Ich arbeite einfach daran, in meiner Aufgabe immer besser zu werden.

Die folgende Übung möchte ich dir für die frühen Morgenstunden empfehlen. Ich selbst bin morgens am kreativsten. Aus diesem Grund operieren Ärzte gleich früh am Morgen; sie haben eine ruhige Hand und der

Patient ist empfänglicher. Setze dich morgens hin und frage dich: „Was mache ich wirklich gern?“ Ich denke, so wirst du deine Lebensaufgabe finden. Es ist deine Aufgabe, weil du es liebst.

Man kann aber auch leicht den falschen Weg einschlagen. Bei einem Seminar in Phoenix, Arizona, erzählte mir ein Arzt, dass er mit dem Gedanken spielte, seinen Beruf aufzugeben.

„Warum denn?”, wollte ich wissen, „als Arzt verdienen Sie doch genug Geld.“

„Heutzutage“, gab er mir zur Antwort, „ist der Arztberuf ein totales Chaos. Man muss härter arbeiten und mehr Zeit investieren und verdient weniger als vorher.“

„Das stimmt sicher“, meinte ich, „aber warum sind Sie überhaupt Arzt geworden?“

„Weil ich es liebe.“

„Dann denken Sie besser noch einmal darüber nach, denn wenn Sie es lieben, spielt es doch keine Rolle, ob Sie dafür bezahlt werden oder nicht. Sie verbringen Ihre Tage mit dem, was Sie lieben. Wir gehen nicht zur Arbeit, um Geld zu verdienen; wir arbeiten, weil es uns Zufriedenheit schenkt. Geld verdienen wir, indem wir anderen einen Dienst erweisen.“ So erklärte ich es ihm und schließlich verstand er es.

Verlangen: der Schlüssel zur Fähigkeit

Jeder kann tun, was bereits ein anderer getan hat. Ich glaube nicht, dass es irgendeine Grenze für das gibt, wozu du fähig bist. Doch es muss mit einem starken Verlangen verbunden sein. Wenn du nicht fähig bist, American Football so gut wie Tom Brady zu spielen, wirst du auch kein Verlangen danach haben. Napoleon Hill sagte: „Wenn Sie das Verlangen haben, dann haben Sie auch die Fähigkeit, es zu tun. Aber ohne Verlangen haben Sie auch nicht die Fähigkeit. Die Fähigkeit kommt mit dem Verlangen."

Du könntest ein armer Junge oder ein armes Mädchen in einem schäbigen Stadtviertel sein, aber trotzdem das Verlangen haben, ein paar Millionen auf der Bank zu haben. Das kannst du erreichen; selbst wenn du nicht das Verlangen hast, so viel zu haben wie ein Jeff Bezos.

Hast du das Verlangen in dir, hast du auch die Fähigkeit. Frage dich nicht, wie es sich verwirklichen lässt. Das wirst du erst wissen, wenn es geschehen ist. Hillary wusste erst, wie er auf den Gipfel des Mount Everest gelangen konnte, als er oben war. Die Brüder Wright wussten nicht, wie sie einen Flugapparat in die Luft bringen konnten, bis es ihnen gelang.

Der Weg wird sich zeigen. Aber du musst dich auf die

Frequenz des Guten einschwingen, das du dir wünschst. Die meisten Leute schwingen auf einer Mittelwellenfrequenz, wollen aber Musik in FM-Qualität hören. Wenn du FM-Qualität willst, musst du eine FM-Frequenz einstellen.

Als Beispiel für jemanden, der das Paradigma eines anderen lebte und es änderte, können wir mein eigenes Leben nehmen. Mit 26 Jahren war ich untergewichtig, schüchtern und hatte ein sehr schwaches Selbstwertgefühl. Allen Leuten, die ich kannte, schuldete ich Geld. Ich hatte noch nie irgendetwas Sinnvolles getan. Nach 2 Monaten flog ich von der Highschool und ich war kein sehr netter Mensch. Ich hatte eine schlechte Einstellung.

Heute, so denke ich, bin ich ein sehr freundlicher Mensch. Ich habe Millionen Dollar verdient, habe Millionen von Menschen geholfen und bin auf dem Höhepunkt meines Könnens. Ich kenne niemanden, der das, was ich tue, besser kann als ich. Und ich glaube, wenn ich das geschafft habe, kann es jeder.

Aus der Isolationshaft

Jahrelang ging ich einmal im Monat in das Kingston-Hochsicherheitsgefängnis in Kanada. Mit dem Wachpersonal hatte ich eine Abmachung getroffen. Ich sagte: „Jeder, der kommen und mir zuhören will, muss auch kommen dürfen."

„Ach", meinten sie, „das ist doch lächerlich."

„Nein, ist es nicht", erwiderte ich, „jeder, der kommen will, muss kommen können." Schließlich stimmten sie zu.

Einer der Häftlinge hatte bereits 7 ½ Jahre in Einzelhaft verbracht. Er hatte in Windsor, Ontario, bei einem Raubüberfall auf einen Menschen geschossen, ohne diesen jedoch zu töten. Wäre er gestorben, hätte man den Räuber gehängt; damals war in Kanada die Strafe bei Mord der Tod durch den Strang. Man verurteilte ihn zu 27 Jahren Haft. 7 ½ Jahre hatte er bereits in Isolationshaft verbracht. Jeden Tag ließ man ihn eine Stunde lang allein in den Gefängnishof. Die Wächter nannten ihn einen „wilden Hund". Er war groß und stark: 1,85 Meter, über 100 Kilo.

Wenn ich kam und meine Inhalte lehrte, saß dieser Mann ganz hinten im Raum. Ich brachte immer Zigaretten, Kaffee und Doughnuts mit. Er saß hinten, aß seine Doughnuts, rauchte seine Zigaretten, trank seinen Kaffee und machte Geräusche wie ein wildes Tier. Er saß auf einem Tisch und ließ die Beine baumeln. Wenn ich etwas über den Glauben sagte, lachte er und machte sich darüber lustig. Er zog die ganze Aufmerksamkeit auf sich. Das ging 3 oder 4 Monate lang.

Ich wusste, dass ich das entweder abstellen oder meine Besuche beenden musste. Ich wollte nicht abbrechen, aber ich fürchtete mich vor diesem Kerl. Als er beim nächsten Mal wieder seine Show abziehen wollte, stoppte ich mitten im Satz und schritt langsam ans Ende des Raums. Ich stellte mich direkt vor ihn und sagte: „Du musst der blödeste Bastard sein, der mir je untergekommen ist." Man konnte sehen, wie sich seine Muskeln verhärteten und er wurde rot im Gesicht. Ich dachte, er bringt mich um. Doch er begann zu lachen, wohl mit dem Gedanken: „Dieser Kerl ist verrückt." All das passierte innerhalb von Sekunden oder gar Millisekunden.

„Ich kann schneller Geld verdienen, als du es stehlen kannst", sagte ich zu ihm, „in einer halben Stunde sage ich dem Wächter, dass er die Tür öffnen soll. Dann geh' ich raus, setz' mich in ein schönes Auto und fahre von hier weg. Aber du gehst für die nächsten 20 Stunden wieder zurück in deine Zelle." Daraufhin wurde es still.

Ab dem darauffolgenden Monat saß er ganz vorne und wenn jemand mit den Füßen scharrte, drehte er sich um und starrte den Übeltäter an; von nun an war er der Disziplinwächter in meinen Vorträgen.

Schließlich wurde er unter speziellen Auflagen

entlassen. Er war verheiratet und hatte zwei Söhne; während seiner Zeit im Gefängnis hatte seine Frau ein kleines Mädchen zur Welt gebracht. Ein befreundeter Priester sorgte dafür, dass er sich wieder mit seiner Frau versöhnte. Er durfte die Stadt Toronto nicht verlassen und musste sich jede Woche bei der örtlichen Polizei und einmal im Monat bei der berittenen Polizei melden. Dieser Mann begann, für mich zu arbeiten. Ungefähr ein Jahr später schlug ich mit der Faust auf den Schreibtisch des für die Bewährung zuständigen Beamten und rief: „Sie haben kein Recht, die Auflagen für diesen Mann aufrechtzuerhalten. Ich muss nach England und will, dass er mich begleitet.“

Seine Auflagen wurden fallen gelassen. Er bekam seinen Pass und konnte mitkommen. Nie wieder geriet er in Schwierigkeiten. Er führte ein gutes Leben. Inzwischen ist er verstorben. Bei seinem Tod war er mehr wert als alles Geld der Welt. Wenn es für diesen Mann möglich war, dann ist es für jeden möglich.

Die Lerner werden die Erben der Erde sein

Bei einem im Jahr 1969 von der Nightingale-Conant Corporation veranstalteten Kongress über das menschliche Potenzial war einer der Redner Eric Hoffer, ein großartiger Mann. Er besaß keinerlei Schulbildung und war Hafenarbeiter, aber er hatte ein großes Selbstvertrauen. Er verfasste eine Reihe von Büchern, das wichtigste davon heißt *Der Fanatiker.* Bei unserem Kongress sagte er: „In Zeiten rascher Veränderungen werden die Lerner die Erben der Erde sein, während die Gelehrten wunderbar ausgerüstet sind, um sich mit einer Welt auseinanderzusetzen, die nicht mehr existiert. Die Lerner werden die Erben der Erde sein."

Ich verstand es so, dass beständig studierende Menschen glücklich, gesund und wohlhabend sein werden. Eigentlich gibt es gar keine Gelehrten. Entweder du lernst dazu oder nicht.

Hoffer sagte auch: „Um zu lernen, brauchen wir einen bestimmten Grad an Selbstvertrauen, nicht zu viel und nicht zu wenig. Wenn wir zu wenig haben, meinen wir, wir können nicht lernen, und wenn wir zu viel haben, denken wir, nicht lernen zu müssen."

Es ist wichtig, dass wir jederzeit einen gewissen Grad an Selbstvertrauen besitzen, damit wir ständig wachsen, uns weiterentwickeln und etwas über uns selbst, die Welt, zu der wir gehören, und unsere Fähigkeiten lernen können. Darüber spreche ich im nächsten Kapitel.

Kapitel 3

Entwickle das Selbstvertrauen, dein Paradigma zu verändern

Im letzten Kapitel erwähnte ich einen Kongress zum menschlichen Potenzial mit Eric Hoffer. Bei diesem Kongress im O'Hare Hyatt Hotel im Jahr 1969 sprach auch Bill Gove. Es waren um die 1.000 Personen im großen Ballsaal anwesend und ich stand ganz hinten. Er stand auf der Bühne mit einem Mikrofon in der Hand und sagte: „Wenn ich frei sein will, muss ich ich selbst sein. Nicht das Ich, das Sie in mir sehen, und nicht das Ich, das meine Frau in mir sieht, und auch nicht das Ich, das meine Kinder in mir sehen. Wenn ich frei sein will, muss ich ich selbst sein.“ Und er fügte hinzu: „Da sollte ich doch lieber wissen, wer dieses Ich ist“.

Das gesamte Publikum hing gespannt an seinen Lippen. Ich hatte mir bis dahin eine Menge Wissen angeeignet. Seit 8 Jahren studierte ich diese Inhalte jeden Tag. Und so stand ich hinten in der Saalecke und dachte mir: „Wow, er macht das so gut! Wenn ich das doch nur auch könnte!“

In seiner Tonaufnahme *Das magische Wort* sagte Earl Nightingale: „Hier kommen wir zu einer recht seltsamen Tatsache. Wir neigen dazu, unsere Ziele und unsere Leistungen kleinzureden und aus einem ebenso seltsamen Grund meinen wir, andere könnten das erreichen, was wir nicht vermögen.“ Und er fährt fort: „Sie müssen verstehen, dass das nicht wahr ist. Sie verfügen über gewaltige Reserven an Talenten und Fähigkeiten.“

Wenn du mich 1969 bei dieser Konferenz gefragt hättest, ob ich Earls Worte verstehe, hätte ich geantwortet: „Natürlich verstehe ich sie. Seit genau 9 Jahren höre ich sie mir täglich an.“ Aber auf einmal war mir so, als ob in meinem Kopf eine Rakete gestartet wäre: „Das ist es, was Earl meint.“ Ich glaubte, dass ich nicht fähig war, dasselbe zu tun wie Bill Gove. In diesem Moment beschloss ich, dass ich nicht nur tun wollte, was er tat; ich wollte mich auch von ihm unterrichten lassen. Und so beschloss ich, ihm eine Notiz mit der Bitte zu hinterlassen, mir sein Können beizubringen. Ich war bereit zu lernen.

Selbstvertrauen erwächst aus dem Wissen

Selbstvertrauen erwächst aus Wissen. Behauptet jemand, überhaupt kein Selbstvertrauen zu haben, ist das nicht vollkommen richtig. Wahrscheinlich hat dieser Mensch genug Selbstvertrauen, um sich anzuziehen, seine Schuhe zu binden und Auto zu fahren. Er vertraut darauf, dass er alles Mögliche kann. Und fehlt ihm das Selbstvertrauen, etwas zu tun, das er wirklich will, liegt es daran, dass er nicht weiß, wie es geht. Je mehr du lernst, wie es geht, umso stärker wird dein Selbstvertrauen.

Ich beschloss also zu lernen, das zu tun, was Bill Gove tat. Und so lernte ich ihn kennen und zahlte ihm mehrmals tausende von Dollar, damit er sich mit mir zusammensetzte. Ich sprach nicht wie er. Er hat nie erfahren, dass er mich das Sprechen gelehrt hat. Ich besaß bereits die Fähigkeit zu sprechen; das brauchte er mir nicht beizubringen. Er hat mir beigebracht, wie ich vor einer Gruppe von Menschen ruhig und selbstbewusst auftreten kann. Er sagte: „Hören Sie auf, sich Sorgen zu machen, was Ihre Zuhörer wohl von Ihnen denken." Das habe ich von ihm gelernt. Die Autorin Terry Cole-Whittaker schrieb ein Buch mit dem Titel *What You Think of Me Is None of My Business* (Es geht mich nichts an, was du von mir denkst). Und genau so ist es.

Die Tyrannei der „anderen"

Das bringt mich zu einem damit verwandten Thema: die Tyrannei der „Meinung der anderen". Hier hat mir Earl Nightingale weitergeholfen. Er sagte zu mir: „Wenn Sie wüssten, wie wenig die Leute denken, dann würde es Sie nicht kümmern, was sie denken." Würde ein Durchschnittsmensch sagen, was er denkt, wäre er sprachlos. Der große Pädagoge Dr. Ken McFarland aus Kentucky meinte: „2 Prozent der Menschen denken, 3 Prozent denken, dass sie denken, und 95 Prozent würden lieber sterben als zu denken."

Es ist sehr wichtig, was du über dich selbst denkst. Was andere über dich denken, ist unwichtig. Früher sorgte ich mich sehr darüber, was andere über mich dachten; heute nicht mehr. Ich habe erkannt, dass die Meinungen anderer über mich keinen Einfluss auf mein

Leben haben. Es zählt allein, was ich über mich selbst denke. Arbeite ich wirklich daran, ein freundlicher Mensch zu sein und etwas zu leisten, werden mich die Leute wahrscheinlich mögen. Beschäftige ich mich jedoch nur damit, was andere über mich denken, werde ich nicht sehr viel zustande bringen.

Bill Gove lehrte mich, entspannt vor ein Publikum zu treten. Er sagte: „Denken Sie daran: Sie sprechen zu einer einzigen Person. Auch in einem Raum voller Menschen sprechen Sie nur zu einer Person. Das müssen Sie in Ihren Kopf bekommen und Sie müssen wirklich daran interessiert sein, der Person, die zuhört, etwas Wertvolles mitzuteilen."

Wenn du dich nur auf das fokussierst, was du über dich selbst denkst, wird sich alles gut entwickeln. Genau das habe ich getan und für mich hat sich alles gut entwickelt. Beim Schreiben dieser Seiten bin ich 86 Jahre alt und werde hoffentlich noch 10 Jahre weiterwachsen. Ich weiß, dass die Dinge sich für mich sehr gut entwickeln. Ich mag mich, mir gefällt, was ich tue und wie ich es tue.

Häufig beginnen Menschen sehr früh im Leben, sich über die Meinung anderer Gedanken zu machen. Als Kinder hören wir unsere Eltern oft sagen: „Was sollen die Nachbarn von uns denken?" Ich bin zu diesem Schluss gelangt: Hoffentlich denken die Nachbarn; aber was sie denken, macht wirklich keinen Unterschied. Die meisten Leute sorgen sich um die Meinung der anderen. Das sollten sie aber nicht. Sie sollten sich lieber um ihre eigene Meinung über sich selbst kümmern.

Wir müssen einen neuen Blick auf unsere Lebensweise werfen. Wählen wir unseren eigenen Weg? Handeln wir auf der Grundlage eines Bildes von unserem Wunschleben und setzen dieses um? Oder versuchen wir nur, jeden Tag so gut es geht über die Runden zu kommen?

Du musst wissen, wo du stehst. Und du musst wissen, wo du hinwillst. Die beste Definition von Erfolg, die ich je gehört habe, stammt von Earl Nightingale: „Erfolg ist die fortschreitende Verwirklichung eines wertvollen Ideals." Ein Ideal ist eine Idee, in die man sich verliebt hat. Mit fortschreitender Verwirklichung des angestrebten Guten wirst du dir dessen immer bewusster.

Geld: ein notwendiges Gut

Vielleicht will nicht jeder Reichtum kreieren. Aber jeder, so glaube ich, sollte eine solide finanzielle Situation für sich selbst erschaffen; denn für die Produkte und Dienstleistungen anderer Menschen brauchen wir Geld. In der Welt, in der wir leben, ist Geld ein notwendiges Gut. Jeder kann sich diese Art von Wohlstand erschaffen.

Ein Flug von Toronto nach Kuala Lumpur dauert 25 Stunden. Auf so einem Flug habe ich viel Zeit, um nachzudenken. Einmal vertrieb ich mir die Zeit mit einem Taschenrechner. Ich überlegte mir, wie ich mein Unternehmen weiter verbessern konnte. Ich fragte mich, wie ich eine neue Idee kreieren kann. Ich schrieb die Zahl 1.000.000 auf, die Ziffer 1 gefolgt von 6 Nullen. Bereits in den 1960er-Jahren hatte ich eine Million verdient, ohne genau zu wissen, was ich getan hatte; ich war unbewusst kompetent.

Dann dachte ich an Menschen, von denen ich wusste, dass sie schon eine Million verdient hatten. Was war an ihnen so anders? Plötzlich erkannte ich, dass sie überhaupt nicht anders waren. Sie verfügten einfach nur über mehr als eine einzige Einkommensquelle. Mit einem Job hast du eine Einkommensquelle. Es ist mir gleich, wie gut du in deinem Job bist und es ist mir auch gleich, wie viel du in der Stunde verdienst; es ist und bleibt eine einzige Verdienstquelle. Wohlhabende Menschen verfügen über mehrere Quellen. In der Geschichte hatten reiche Menschen immer multiple Einkommensquellen, das war schon im alten Babylon so.

Da kam mir eine Idee. Ich könnte ein Seminar geben, um den Menschen beizubringen, wie man mithilfe multipler Einkommensquellen eine Million

Dollar verdienen kann. Und das tat ich auch, mit großem Erfolg. Ich zeigte den Teilnehmern, wie jeder reich werden kann, indem er sich multiple Einkommensquellen schafft. Du brauchst nicht nur eine Quelle, sondern viele verschiedene.

Ich habe kein Verlangen, so reich zu werden wie Jeff Bezos. Ich brauche nicht viele Millionen Dollar. Ich bin glücklich, wenn ich 2 oder 3 Millionen auf dem Konto habe und wenn ich selbst viel arbeite und Arbeit für andere kreiere; denn ich gebe gern von meinem Geld. Und ich liebe es, viel Gutes zu tun. Ich denke, dafür ist Reichtum da.

Aber jeder – ganz gleich, um wen es sich handelt – kann zu angemessenem Wohlstand gelangen. Mit dem Internet geht dies heute so leicht wie nie zuvor. Ich habe ein Unternehmen gegründet mit dem Namen MSI Connect. MSI steht für *Multiple Sources of Income* oder auch *Multiple Streams of Income* (multiple Einkommensquellen bzw. multiple Einkommensströme). Hier arbeiten Menschen zusammen, um sich gegenseitig beim Aufbau von multiplen Einkommensquellen zu unterstützen, Joint Ventures einzugehen und Affiliate-Partner zu werden.

Es gibt viele verschiedene Möglichkeiten. Aber es geht immer darum, das Paradigma zu ändern. Falls du dich bisher nicht sonderlich für das Geldverdienen interessiert hast, solltest du ab sofort daran interessiert sein; weil Geld über einen guten Teil deines Lebens bestimmt. Dein Desinteresse kommt von deinem Paradigma, das dich stoppen will. Es verhält sich wie ein Polizist: Es steht da und will dich nicht vorbeilassen. Dir muss es gelingen, an diesem Polizisten vorbeizukommen. Und du musst beschließen, dass dieses Paradigma dich zukünftig nicht mehr im Griff haben wird. Sage zu dir selbst: „Schluss damit! Ich bewege mich vorwärts und lasse mich nicht aufhalten."

Wie viel Geld willst du verdienen? Mache dich an die Arbeit und verdiene es. Als ich damit begann, *Denke nach und werde reich* zu lesen, verdiente ich 4.000 Dollar im Jahr und hatte 6.000 Dollar Schulden. Das heißt, wenn ich 1 ½ Jahre lang meine Schulden zurückgezahlt hätte, wäre ich genau auf null gestanden und hätte nichts mehr zum Leben gehabt.

In weniger als einem Jahr stieg mein Einkommen auf 14.500 Dollar im Monat. Irgendjemand hatte mir erzählt, dass man mit dem Reinigen von Büros gutes Geld verdienen kann. „Ich bin nicht stolz", sagte ich mir, „ich werde Büros putzen." Und so stieg ich in die Büroreinigung ein. Schließlich reinigten wir Büros in 7 Städten in 3 Ländern. Wumms! Es ging steil nach oben.

Du musst dich mit Menschen zusammentun, die wissen, wie man Geld verdient. Sie werden dir beibringen, wie es geht. Es ist ein Studiengebiet, das man lernen muss. In der Schule bringt man uns das Geldverdienen nicht bei. Selbst ein Mensch mit einem Masterabschluss in Handel und Finanzen kann trotzdem pleite sein, wenn er nie gelernt hat, wie man Geld verdient. Er hat vielleicht gelernt, wie man es zählt und behält; aber er muss auch lernen, es zu verdienen.

Lloyd Conant und Earl Nightingale haben nicht nur ein Unternehmen gestartet, sondern eine ganze Branche begründet. Im Jahr 1968 hatte mich Lloyd Conant einmal zum Abendessen eingeladen. Dabei fragte ich ihn, wie er mit seinem Unternehmen begonnen hatte. Er antwortete: „Ich habe ein ganzes Wochenende lang ein kleines grünes Buch gelesen." Auf einmal interessierte ich mich nicht mehr für seinen Unternehmensstart; ich wollte wissen, wie das kleine grüne Buch hieß. Es war *Die Wissenschaft des Reichwerdens* von Wallace D. Wattles, erschienen im Jahr 1910. Lloyd schenkte mir ein Exemplar. Seitdem habe ich nie aufgehört, darin zu lesen. Es ist einfach phänomenal.

Erfolg und das wertvolle Ideal

Ich möchte noch einmal auf Earl Nightingales Definition zurückkommen: „Erfolg ist die fortschreitende Verwirklichung eines wertvollen Ideals.“ Nehmen wir an, jemand hat sich 5 Millionen Dollar erarbeitet und arbeitet auf 10 Millionen hin. Und sagen wir, eine andere Person ist an der Universität eingeschrieben und arbeitet an der Verbesserung ihres Leistungsdurchschnitts um 2 Noten. Beide bewegen sich nach und nach in eine bestimmte Richtung. Obwohl beide völlig unterschiedliche Wege beschreiten, sind sie gleich erfolgreich, weil beide auf ein festgelegtes Ziel hinarbeiten.

Den Erfolg findest du nicht da, wo du jetzt bist; du findest ihn dort, wo du dich hinbewegst. Er hat mit deiner Zielrichtung zu tun und mit deiner Lebensaufgabe. Das grundlegende Gesetz des Lebens lautet „erschaffen oder zerstören“. Wenn du auf ein zuvor festgelegtes Ziel hinarbeitest, bist du schöpferisch tätig. Du tust das, wozu dich Gott bestimmt hat. Ich bin überzeugt, dass wir hier sind, um Gottes Werk zu vollbringen. Man nennt Gott den Schöpfer, also besteht Gottes Werk aus dem Erschaffen. Wir haben schöpferische Fähigkeiten erhalten und sollten uns daher der Aufgabe stellen und mit dem Erschaffen beginnen; denn dazu sind wir sehr wohl in der Lage.

Viele tragen die Idee mit sich herum, dass sich der Erfolg einstellen wird, wenn sie sich ein Ziel stecken, es auf eine Karteikarte schreiben und so hart wie möglich dafür arbeiten. Damit gelangen sie aber nirgendwohin. Sie werden sich so lange auf- und abwärts bewegen, bis sie das Rauf und Runter leid sind. Dann werden sie damit aufhören und sich dort einpendeln, wo sie gerade sind und so den Rest ihres Lebens verbringen. Sieh dir nur die Fitnessclubs und Workout-Center an: Ihre Besitzer verdienen mit dem Verkauf von Mitgliedschaften Millionen. Sie wissen genau, dass jemand mit einer erworbenen Jahresmitgliedschaft nur 2 oder 3 Wochen lang kommen und es dann aufgeben wird.

Das liegt daran, dass dieser Mensch nie sein Paradigma geändert hat. Er will etwas an seinem Körper verändern; er will aber nicht das verändern, was seinen Körper steuert. Der Körper ist ein Instrument des Geistes. Er spiegelt das wider, was im Geist vor sich geht – unabhängig davon, ob dies nun automatisch oder aufgrund einer bewussten Entscheidung geschieht.

Wenn du die Gesetze verstehst und dich im Einklang mit ihnen befindest, musst du trotzdem arbeiten, um dein Ziel zu erreichen. Es wird zwar kein Spaziergang sein, aber dennoch eine sehr angenehme Reise. Du wirst sie genießen und immer weiter vorankommen.

Du musst jedoch verstehen, dass ein Vorankommen eine Änderung deines Paradigmas bedeutet.

Du willst andere Ergebnisse haben, aber deine Ergebnisse sind nichts weiter als die Manifestation deines Handelns. Dein Handeln wird von deinem Paradigma bestimmt, nicht vom Umfang deines Wissens. Die Menschen wissen zwar, wie sie es besser machen können, aber sie tun es nicht.

Wir müssen unser Paradigma ändern, wenn wir unsere Ziele erreichen wollen. Das ist absolut unabdingbar. Nur wer sein Paradigma zumindest zu einem gewissen Grad versteht, kann ein wirklich erfolgreiches Leben genießen. Seltsamerweise verstehen nicht allzu viele Menschen ihr Paradigma. Über die Jahre habe ich festgestellt, dass sehr viele Erfolgreiche nicht wissen, warum sie Erfolg haben. Sie haben sich ein sehr gutes Paradigma zugelegt. Aber sie haben nicht die Genugtuung zu wissen, warum ihnen so viel gelingt. Sie können das, was ihren Erfolg ausmacht, nicht an andere weitergeben.

Wenn du Paradigmen verstehst, verstehst du auch, wie sie sich bilden und wie man sie ändern kann. Dann wirfst du dich ins Rennen, weil du jetzt dein Leben im Griff hast. Ich habe im Leben der Menschen schon viel Wunderbares gesehen, sobald sie diese Prinzipien verstanden haben.

Es spielt keine Rolle, was in der Vergangenheit geschah oder von wo aus du startest. Es kommt nur darauf an, wohin du unterwegs bist. Ich hatte am Anfang eine schlechte Arbeitsmoral, eine schlechte Einstellung und nichts sprach für mich. All das spielte keine Rolle. In der Bibel steht: „Lass die Toten ihre Toten begraben." Das ist ein guter Ratschlag für den Umgang mit der Vergangenheit.

Zuerst einmal musst du dich mit dem Gedanken anfreunden, dass auch du ein Paradigma hast. Ich habe eins, du hast eins und mein Paradigma bestimmt darüber, wie erfolgreich ich heute, morgen und in der nächsten Zukunft bin. Wenn ich morgen erfolgreicher sein will als heute, muss ich mein Paradigma ändern. Ich befinde mich in einem ständigen Lernprozess, mein eigenes Paradigma zu ändern und zu verbessern.

Dein Paradigma ist deine gewohnheitsmäßige Art zu leben. Ein Teil deines Paradigmas ist sehr gut: es dient dir, es ist gut für dich und für andere Menschen und es erschafft Gutes in deinem Leben. Ein Paradigma besteht nicht nur aus Negativem – es ist sowohl positiv als auch negativ. Ich will meine schlechten Ideen noch mehr in gute verwandeln und meine schlechten Gewohnheiten in bessere. Daran arbeite ich jeden Tag und werde dies wahrscheinlich tun, bis ich sterbe.

Ich fuhr mit ein paar Freunden für 3 Tage weg und arbeitete an meiner Lebensaufgabe. Ich beschloss, dass meine Lebensaufgabe darin besteht, in einer von Wohlstand geprägten Umgebung zu leben und zu arbeiten, die Produktivität und Vergnügen fördert; damit ich meiner Familie, meiner Gemeinde, meinem Unternehmen, meiner Nation und letztendlich der Welt noch bessere Dienste erweisen kann. Es ist eine dienende Aufgabe.

Ich brauchte über 3 Tage, um sie auszuarbeiten. Auch du solltest dir die Zeit nehmen, deine Lebensaufgabe auszuarbeiten. Sie ist dein Grund, morgens aufzustehen und sie wird dir bei einer Vielzahl von Entscheidungen helfen. Oft schlägt man mir Gelegenheiten vor, die mir eine große Menge Geld einbringen könnten. Manche davon interessieren mich nicht im Geringsten, weil sie nichts mit meiner Lebensaufgabe zu tun haben.

Marshall Fields meinte: „Immobilien sind der beste und sicherste Weg, um reich zu werden.“ Damit bin ich nicht unbedingt einverstanden. Mit Immobilien wird sehr viel Geld verdient, aber ich interessiere mich überhaupt nicht dafür; weil mich das von meinem Weg abbringen würde.

Meine Lebensaufgabe ist das, was ich tue: In einer von Wohlstand geprägten Umgebung zu leben und zu arbeiten, die Produktivität und Vergnügen fördert, damit ich meiner Familie, meiner Gemeinde, meinem Unternehmen, meiner Nation und letztendlich der Welt noch bessere Dienste erweisen kann. Genau das tue ich, jeden Tag, vom frühen Morgen bis zum frühen Abend.

Falls du deine Lebensaufgabe noch nicht gefunden hast, empfehle ich dir, jeden Morgen 10 bis 15 Minuten lang darüber nachzudenken. Setze dich an einen ruhigen Ort und halte Stift und Papier bereit. Mache dir eine Tasse Kaffee, wenn du gern welchen trinkst, gehe zu deinem Ruheplatz, setze dich hin und frage dich: „Was mache ich wirklich gern?“

Ich glaube fest daran, dass wir alle zu etwas Großem in unserem Leben veranlagt sind. Uns wurden gewaltige Talente und Fähigkeiten geschenkt, weit jenseits unseres Vorstellungsvermögens. Finden wir unseren Lebenszweck nicht, werden wir diese nicht nutzen. Wir rennen möglicherweise von einer erfolgreichen Unternehmung zur nächsten und sind dabei doch ständig frustriert, weil wir das niemals wollten und weil es uns nicht genug Zufriedenheit schenkt.

Earl Nightingale sagte: „Man geht nicht zur Arbeit, um Geld zu verdienen. Man tut seine Arbeit für ein Gefühl der Zufriedenheit. Geld verdienen wir, indem wir anderen einen Dienst erweisen." Wenn du in deiner Lebensaufgabe bist, erhältst du eine immense Genugtuung aus der Art und Weise, wie du deine Tage verbringst. Mir geht das so; ich bin in meiner Aufgabe bei allem, was ich tue.

Vielleicht fragst du dich, ob man seine Lebensaufgabe erschaffen kann oder ob man sie entdecken muss. Ich glaube, man muss sie entdecken. Ich erinnere mich an ein Fernsehinterview mit einer Frau. Sie war Tänzerin im Musical A Chorus Line in Las Vegas gewesen und sagte: „Ich wusste, dass ich nicht gut genug tanze, um ein Star zu werden, also hörte ich auf. Ich backe gern und so zog ich nach Frankreich und arbeitete dort in einigen der besten Konditoreien des Landes." Und sie wurde zu einer der weltweit besten Konditorinnen.

Jetzt denkst du vielleicht: „Aber mit dem, was ich gern tue, kann ich kein Geld verdienen." Es spielt keine Rolle, ob du damit Geld verdienst; solange du das liebst, was du tust. Es kommt nur darauf an, ob du es wirklich gern machst.

Earl Nightingale sagte häufig, dass der Reichtum zweierlei Formen annimmt: eine physische und eine, wie er es nannte, „psychische". Dein psychisches Einkommen besteht in der Zufriedenheit, die du aus der Art und Weise erhältst, wie du deine Tage verbringst. Dein materielles Einkommen ist das Geld, das du verdienst. Alles beruht auf dem Gesetz der Kompensation, von Earl auch die *Formel* genannt. Dein Einkommen steht im direkten Verhältnis zum Bedarf an deiner Tätigkeit, zu deiner Fähigkeit, sie auszuüben und zu der Schwierigkeit, dich zu ersetzen. Wenn es einen gewaltigen Bedarf für das gibt, was du tust, wirst du richtig gut darin und man wird dich nur sehr schwer ersetzen können.

Kapitel 4

Paradigmen und Kybernetik

Richte ein Kontrollsystem ein, um deine gewünschten Resultate zu erzielen

Nun gehe ich auf die Beziehung zwischen Paradigmen und Kybernetik ein. Es gibt viele Gemeinsamkeiten. Die Kybernetik wurde während des Zweiten Weltkriegs von dem Mathematiker Norbert Wiener und dem Arzt Arturo Rosenblueth entdeckt. Es ist die Wissenschaft von der Regelung und Kommunikation in der Tierwelt und im Bereich der Maschinen.

Am einfachsten lässt ein kybernetischer Regelungsmechanismus sich mit einem Thermostat vergleichen. Du stellst den Heizungsthermostat bei dir zu Hause auf eine bestimmte Temperatur ein, sagen wir auf 21 Grad.

Ich lebe im Norden, wo es im Winter sehr kalt werden kann. Du sitzt also zu Hause und auf einmal spürst du einen kalten Luftzug um die Beine und dein Zimmer wird kalt. Auf dem Thermometer siehst du, dass die Temperatur auf 18 Grad gesunken ist und du fragst dich, was da los ist. Du findest heraus, dass jemand die Eingangstür offengelassen hat.

Der Thermostat sendet ein Signal an den Heizkessel, der Kessel springt an, die Heizkörper erwärmen sich, bis der Thermostat eine Temperatur von 21 Grad signalisiert und der Heizkessel schaltet sich wieder ab.

Auch beim Autopilot in einem Flugzeug handelt es sich um einen kybernetischen Regelungsmechanismus. Nach dem Start schaltet der Pilot den Autopiloten ein, das heißt die kybernetische Regelung. Jetzt könnte er nach hinten gehen und mit dir zu Abend essen. Er tut dies nicht, aber er könnte es; denn der Autopilot steuert jetzt das Flugzeug. Vielleicht treten unerwartete Turbulenzen auf, die das Flugzeug vom Kurs abbringen. Die kybernetische Regelung greift ein und bringt es wieder auf Kurs. Ihre Aufgabe besteht stets darin, den Flug zu korrigieren und das Flugzeug wieder auf Kurs zu bringen. In seinem Buch *Psychokybernetik* wendet der kosmetische Chirurg Maxwell Maltz dieses Konzept auf den menschlichen Geist an.

Ein psychologischer Mechanismus

Ein Paradigma wirkt wie ein kybernetischer Regelungsmechanismus. Nehmen wir mal an, eine Person hat 30 Kilo Übergewicht und will abnehmen. Sie muss eine Diät befolgen. Sie beginnt mit der Diät und hält sich auch daran. Erst verliert sie 2, dann 3, dann 5 Kilo.

Doch dann fängt sie an, Dinge zu essen, die sie eigentlich meiden sollte. Was ist passiert? Ihr Paradigma hat eingegriffen und sie auf ihren alten Kurs zurückgeführt. Mit einer Diät können wir beginnen, ein neues Paradigma zu kreieren; aber die meisten erkennen das nicht. Sie wissen nicht, wie man ein neues Paradigma kreiert. Daher verstehen sie auch nicht, gegen welche Kraft sie mit dem Versuch ankämpfen, ihre Essgewohnheiten zu ändern. In 9 von 10 Fällen geht es schief.

Das ist der Grund, warum so viele immer wieder eine neue Diät anfangen. Sobald sie etwas Gewicht verlieren, werden sie auf ihren alten Kurs zurückgebracht. Sie essen weiter, bis sie wieder 30 Kilo zu viel haben. Ein Paradigma wirkt auf dieselbe Weise wie ein Thermostat oder Autopilot. Es lenkt und steuert unsere Verhaltensmuster. Es bestimmt darüber, was wir essen, wie wir uns fit halten – einfach über alles, was wir tun.

Die Person in unserem Beispiel muss begreifen, wie das Paradigma ihre Essgewohnheiten kontrolliert. Und eben deshalb funktionieren Diäten nicht: Die Menschen verstehen nicht, dass sie von diesem Programm in ihrem Unterbewusstsein gesteuert werden. Sie versuchen, gegen dieses Programm zu kämpfen, ohne dass sie überhaupt verstehen, wogegen sie da ankämpfen. Sie haben es mit einem unsichtbaren Feind zu tun. Und das macht die Sache schwierig.

Wenn sie erst einmal die Funktionsweise ihres Geistes verstehen, können sie vorankommen; weil sie jetzt etwas über ihren Feind erkannt haben. Der Feind ist das Paradigma. Solange sie diese Tatsache nicht verstehen, haben sie immer das Gefühl zu scheitern; weil sie nicht das tun, was sie eigentlich wollen. Sie geben sich selbst einen Befehl, können ihn aber nicht ausführen.

Paradigmen verstehen

Ein großer Teil der Lösung besteht aus Disziplin. Disziplin ist die Fähigkeit, sich selbst einen Befehl zu geben und diesen auszuführen. Damit eine Person sich erfolgreich disziplinieren kann, muss sie verstehen, womit sie es zu tun hat. Sie muss verstehen, was Paradigmen sind und was sie tun. Wenn sie das nicht versteht, hat sie ein Problem; weil sie gegen einen unsichtbaren Feind ankämpft.

König Salomo sagte: „Erwirb Einsicht mit allem, was du hast." (Sprüche 4,7) Einsicht und Verständnis sind das Gegenteil von Sorge und Zweifel. Zu verstehen, wie Paradigmen uns kontrollieren, verändert das Spiel völlig.

Nachdem ich den Grund für meine Veränderung begriffen hatte, kam ich sehr viel schneller voran. Als ich in England war, hatte ich sehr großen Erfolg. Ich verstand aber nicht, warum. Ich war unbewusst kompetent und fragte mich: „Was ist geschehen?" Ich glaubte nicht an einen auf einer Wolke schwebenden launischen Gott, der sich dachte: „Jetzt ist Bob mal dran." Und ich glaubte auch nicht an das Glück. Voltaire meinte: „Glück ist ein Wort, das wir erfunden haben, um die Wirkungen unbekannter Ursachen zu beschreiben." Ich glaubte nicht daran, dass Gott mich dazu auserwählt hatte, Glück zu haben. Ich wollte zum Teufel wissen, was da passiert war. Warum war ich bis zum Alter von 26 Jahren ein Verlierer gewesen und über Nacht sagenhaft erfolgreich geworden?

Wenn eine Person versteht, was ein Paradigma ist und wie es sie kontrolliert, wird sie sich an ihre Diät halten und sich richtig ernähren. Sie wird die Kontrolle über ihren Körper übernehmen, weil sie nun den Körper als ein Instrument des Geistes ansieht. Er gehorcht den geistigen Vorgängen. James Allen schrieb in seinem Buch *Heile deine Gedanken*: „Der Körper ist ein zartes und plastisches Instrument, das auf die Gedanken, von denen er beeindruckt wird, umgehend reagiert. Gewohnheitsmäßiges Denken wird seine ganz eigene Wirkung auf den Körper haben – eine gute oder eine schlechte."

Wenn du diese Prinzipien nicht verstehst, wird es dir schwerfallen, dich zu disziplinieren und die Kontrolle zu übernehmen; weil du nicht einmal weißt, wogegen du kämpfst. Wenn du aber begreifst, gegen was du mit einer Kombination aus Disziplin und Verlangen ankämpfst, wirst du auch gewinnen.

Polaritäten

Strecke deine linke Hand und auch deine rechte Hand aus. Die linke Hand ist auf der einen, die rechte auf der anderen Seite. Es gibt ein Gesetz, das man das Gesetz der Polarität nennt. Es ist auch das Gesetz der Gegensätze. Von allem existiert ein Gegenteil: links – rechts, warm – kalt, oben – unten, innen – außen. Sagen wir, links ist das Negative, die Unwissenheit. Rechts ist dann das Positive, das Wissen. Auf der bewussten Ebene liegt in der Unwissenheit die Ursache von Sorge und Zweifel. Verinnerlichst du diese beiden, erzeugst du eine Schwingung der *Angst.* Und will diese Angst sich ausdrücken– was sie tun muss, weil sie vom Geist erschaffen wurde –, geschieht dies im Körper durch ein Gefühl der Beklemmung. Genau das ist Beklemmung: der Ausdruck einer durch Sorge und Zweifel hervorgerufenen Angst. Und Zweifel sowie Sorge entstehen durch Unwissenheit.

Auf der anderen Seite haben wir das Verständnis. Wie kommen wir an Verständnis? Hierfür gibt es nur einen Weg: das Studieren. Du musst studieren. Verstehen führt zum Glauben und dieser ist das Gegenteil von Angst. Glaube drückt sich in Wohlbefinden aus und nicht in Beklemmung; das Wohlbefinden findet seinen Ausdruck in einem Glücksgefühl.

Zwischen Sorge und Zweifel auf der einen und Verständnis auf der anderen Seite liegt das *Sein*. Es *ist* einfach. Nichts ist gut oder schlecht, richtig oder falsch – dazu wird es erst durch unser Denken. Alles *ist* einfach nur. Unser Denken bestimmt darüber, ob es gut oder schlecht ist.

Ich glaube, dass die Menschen studieren sollten; es ist lebenswichtig. Aber wenn wir keine Lebensaufgabe und keine Ziele haben, werden wir auch nicht studieren. Dann denken wir, dass mit dem Lernen Schluss ist, sobald wir aus der Schule sind. Aber leider hat man uns in der Schule nicht beigebracht, wie man lernt oder was wir studieren sollen.

Was wird nun wirklich dazu beitragen, das neue Paradigma in unser Unterbewusstsein einzumeißeln? Zunächst einmal denke ich, wir müssen verstehen, dass es für die Persönlichkeitsentwicklung keine Ziellinie gibt. Wir sind es gewohnt, etwas zu studieren und damit zu einem Ende zu kommen. Aber mit dem Studium dieser Inhalte wirst du nie fertig sein. Du wirst dich nie so gut kennen, wie du es eigentlich willst. Du wirst dein Paradigma ständig verändern und deine Ergebnisse werden sich stets im Aufbau befinden.

Wachstum und Unbehagen

Ich bin an einem Punkt angelangt, an dem ich mir des einstellenden Gefühls von Unbehagen bewusst bin, wenn ich mir ein neues Ziel stecke. Fühle ich mich wohl, weiß ich, dass kein Wachstum stattfindet und ich feststecke. Der Unterschied besteht darin, ob wir das Geschehende verstehen oder ob wir es nicht verstehen. Willst du ein Paradigma verändern, ohne Wissen über das was du tust, stehen die Chancen ziemlich gut, dass es dir nicht gelingen wird – das Paradigma gewinnt jedes Mal. Deshalb haben so viele Schwierigkeiten mit Diäten, dem

Sparen oder dem Vorankommen im Job: Sie verstehen nicht, wie ein Paradigma entsteht und welche Kontrolle es über sie hat. Aber verstehst du es, hörst du nie wieder damit auf, dein Paradigma zu verändern. Dein Potenzial ist die Vollkommenheit. Ich kenne einige, die sich für perfekt halten. Es sind ziemliche Langweiler, aber keiner von ihnen ist wirklich perfekt. Ihr Potenzial ist die Vollkommenheit.

Eines Tages wirst du über den Pool gehen können. Ich versinke nach wie vor, aber die Möglichkeit ist vorhanden. Alles ist möglich.

Verstehst du dieses Konzept wirklich, wirst du immer in unbequeme Situationen gelangen; weil du dich dauernd dorthin bewegst, wo du noch nie gewesen bist. Du verbesserst deine Situation. Aber du musst wissen, dass genau das passiert. Wenn ich mir neue Ziele setze, dann in dem Wissen, dass sie in mir ein gewisses Unbehagen hervorrufen und ich sehr leicht in Versuchung geraten kann. Ich könnte mich zurücklehnen und mein Leben langsam austrudeln lassen. Das wäre sehr bequem für mich. Aber ich würde mich dabei wahrscheinlich sehr elend fühlen, weil mir nur allzu bewusst wäre, was vor sich geht. Ich muss immer weiterwachsen.

Die Persönlichkeitsentwicklung ist ein niemals endender Prozess. Tatsächlich ist diese ein relativ neues

Studiengebiet. Earl Nightingale und Lloyd Conant haben daraus ein Geschäft gemacht und dazu beigetragen, dass sich die Menschen dessen bewusst wurden. Manche haben in diesem Bereich nur herumgealbert, aber Earl und Lloyd gingen sehr ernsthaft und geschäftsorientiert vor. Sie zogen eine Menge guter Leute an und bauten ein Unternehmen auf. Die Menschen begannen, die Inhalte so zu nutzen, wie sie gedacht waren. Sie erkannten, dass diese Ideen sowohl in Unternehmen als auch bei Einzelpersonen funktionieren. Und so begannen auch Unternehmen, diese Inhalte zu nutzen.

Während meiner Zeit bei Nightingale-Conant von 1968 bis 1973 sprach niemand über Paradigmen. Wir sprachen über die *unbewusste Konditionierung*, aber wir hatten kein wirkliches Verständnis von deren Tragweite oder Entstehungsweise. Erst als Joel Barker 1993 sein Buch über *Paradigmen* herausbrachte, vertieften wir uns in dieses Konzept.

Earl Nightingale sprach von der „konstruktiven Unzufriedenheit“: Wir wollen uns ständig verbessern und vorankommen. Das ist konstruktiv, aber es beruht auf der Unzufriedenheit. Du wirst es nicht bequem haben, aber glücklich sein; weil du weißt, dass du tust, was du willst und dich in deine gewünschte Richtung bewegst.

Denke vom gewünschten Zustand her

Denkt man an den Intellekt, denkt man an die logischen Funktionen der linken Gehirnhälfte. Alles, was sich dem Unterbewusstsein aufprägt, wird eher der rechten Gehirnhälfte zugerechnet. Lädt man ein Ziel mit starken Emotionen auf und visualisiert es auf kreative Weise, verankert es sich bildhaft im Geist. Diese Übungen helfen dir, dein Paradigma zu verändern.

Neville hat diesen Punkt in seinem Buch *Macht des Bewusstseins* herausgearbeitet. Er spricht davon, „vom gewünschten Zustand her zu denken" – mit anderen Worten: sich bereits am Ziel zu sehen. Dafür brauchst du eine Funktion deiner rechten Gehirnhälfte: die Vorstellungskraft. Vom gewünschten Zustand her zu denken bedeutet, kreativ zu leben. Ignoriert man diese Fähigkeit des Denkens vom Ende her, legt man sich selbst Fesseln an.

Sehr auf die linke Gehirnhälfte fixierten Menschen, die Anwalt, Ingenieur oder Buchhalter geworden sind, fällt diese Praxis manchmal schwer. Haben sie erst einmal begriffen, dann aber richtig, da Menschen mit einer dominanten linken Hirnhälfte sehr entschlossen vorgehen. Menschen mit einer starken rechten Hirnhälfte sind hinsichtlich dessen geschmeidiger: Sie orientieren sich eher an Schwingungen und Gefühlen als an Konzepten.

Etwas, das viele von einer Änderung ihres Paradigmas abhält, ist die Logik. Sieh dir die Menschen an, die Bahnbrechendes geleistet haben, wie die Besteigung des Mount Everest durch Hillary und Tenzing Norgay. Das war vor ihnen noch niemandem gelungen. Hillary musste etwas völlig Unlogisches tun. Dasselbe gilt für die Brüder Wright: Es war völlig unlogisch zu glauben, dass etwas, das schwerer als Luft war, oben bleiben könnte. Es war völlig unlogisch; aber sie haben es geschafft. Immer wenn etwas Bahnbrechendes geschieht, haben sich Menschen über die Logik hinweggesetzt.

Oft hört man, dass man realistisch bleiben muss. Du brauchst nicht realistisch zu bleiben. Wenn ich ein Ziel festlege, will ich nicht realistisch sein. Ich will völlig unlogisch sein. Ich habe deswegen sogar manchmal Probleme mit Menschen in unserem eigenen Unternehmen – allerdings gewöhnen sie sich immer mehr an mich. Wenn etwas praktisch ist, will ich es nicht tun. Ich will etwas komplett Unlogisches tun.

Es war total lächerlich, in meinem Wohnzimmer zu sitzen und zu sagen: „Ich werde ein Unternehmen aufbauen, das auf der ganzen Welt operiert." Ich besaß nicht genug Geld, um so etwas auf die Beine zu stellen.

Ich hatte auch keine Ahnung, wie ich es bewerkstelligen sollte. Ich wusste nur, dass ich es tun würde.

Hillary wusste, dass er den Gipfel des Mount Everest erreichen würde. 1951 ging er los und scheiterte. 1952 zog er nochmal los und scheiterte wieder. 1953 musste er zurückkehren. Er versuchte es 3 Jahre hintereinander. Dieser Mann war ein Bienenzüchter aus Auckland, Neuseeland. Menschen waren auf dem Berg ums Leben gekommen. Alle wurden wütend auf ihn, als er 1952 sagte: „Ich geh' dorthin zurück." Sie sagten: „Du hast kein Recht dazu. Du hast eine Verantwortung." Der Vater der Brüder Wright war Bischof einer sehr konservativen Glaubensrichtung und ermahnte die beiden, dass sie für ihre Behauptung, fliegen zu können, in der Hölle schmoren würden.

Alle großen Umwälzungen waren völlig unlogisch. Wenn du wirklich dein Potenzial ausschöpfen und nicht allen und jedem gefallen willst, solltest du dir Ziele stecken, die dich das Fürchten lehren. Wenn du weißt, dass du sie erreichst und wenn du im Einklang mit den Gesetzmäßigkeiten vorgehst, dann weißt du auch, dass es geschehen wird. Es geschieht nicht immer dann, wann du es willst oder wenn du meinst, es zu brauchen. Aber du weißt, dass es geschehen muss; da dich auf dieser Schwingungsfrequenz befindest.

Wenn du dich auf die Frequenz des gewünschten Guten begibst, muss es zu deinem neuen Zuhause werden. Es wird der Ort, von dem aus du die Welt betrachtest. Du bist der einzige Mensch, der sich bereits dort befindet – nicht dein Lebenspartner, nicht deine Kinder, nicht dein Nachbar, nicht die Menschen, mit denen du zusammenarbeitest. Demnach wirst du Dinge sehen, die diese Menschen nicht sehen können.

Wenn du dein Potenzial wirklich ausschöpfen willst, musst du aus der Masse heraustreten und dich nur auf *dich* selbst verlassen. Ich bin fest davon überzeugt, dass wir das Potenzial haben, alles aus unserer Vorstellungskraft zu tun. Es ist so, wie Neville schrieb: „Entschlossene Vorstellungskraft, das Denken vom Ende her, ist der Anfang aller Wunder."

So etwas wie Wunder gibt es nicht. Alles geschieht entsprechend der Gesetze. Es gibt nur Dinge, die geschehen, ohne dass wir sie verstehen. Wenn du die Idee von Glück oder Wundern akzeptierst oder die eines launischen Gottes, der einige segnet und andere verflucht, wirst du nirgendwohin fliegen

Kapitel 5

So beeinflussen deine Glaubenssätze dein Paradigma

Die meisten halten Glaubenssätze für etwas Angeborenes und Statisches. Anders gesagt: „Das ist es, was ich glaube und zwar mein ganzes Leben lang; das bin ich." Auf politischer Ebene sagen sie: „Ich bin rechts oder links eingestellt." Im Hinblick auf ihre Persönlichkeit meinen sie: „Ich bin sanftmütig" oder „Ich bin eine Typ-A-Persönlichkeit". Sie sagen: „Ich denke, Männer können X gut und Frauen sind in Y besser."

So denken die meisten Menschen, aber so sollte

es nicht sein. Unsere Glaubenssätze prägen alles in unserem Leben. Unser Paradigma setzt sich aus unseren Glaubenssätzen zusammen. Leider sind manche der uns bestimmenden Glaubenssätze absolut lächerlich. Sie haben keinerlei Grundlage. Im Licht der Wahrheit betrachtet würden sie einfach verschwinden. Die meisten dieser dummen Glaubenssätze stammen nicht einmal von uns.

Glaube ist ein interessantes Wort. Er hat eine wichtige Rolle in meinem Leben gespielt. Ich versuchte, den Grund meines Erfolgs herauszufinden. Aber niemand konnte mir diese Frage beantworten und mir den Grund nennen. Ich wusste, dass es nur zwei Referenzsysteme gibt: Wissenschaft und Theologie. Ich beschäftigte mich mit verschiedenen Religionen. Ich las den Koran, die Tora, die Bibel und das Buch Mormon. Wohin ich mich auch wandte, überall hieß es: Du musst glauben. William James sagte schon im Jahr 1900 in Harvard: „Glaube, und dein Glaube wird die Tatsache erschaffen.“ Doch ich fragte mich: „Wie komme ich an den Glauben?“

Darauf hatte ich keine Antwort. Wie kann man das ändern, was man glaubt? Warum glaube ich das, was ich glaube? Eines führte zum anderen. Dies ging ein paar Jahre lang. Ich fand es nicht heraus und niemand konnte mir meine Frage beantworten.

Glaube und Neubewertung

Eines Tages war ich mit meinem Mentor Val Vanderwall zum Essen verabredet. Im Verlauf unseres lockeren Gesprächs meinte er: „Unser Glaubenssystem basiert auf unserer Bewertung der Dinge. Und wenn wir eine Situation neu bewerten, wird sich häufig unser Glaube in Bezug auf diese Situation verändern."

Bei seinen Worten war mir, als ob in meinem Kopf eine Glocke erklang und ich erwiderte: „Moment mal, was hast du gerade gesagt?"

Ich bat ihn, es nochmal zu wiederholen: „Unser Glaubenssystem basiert auf unserer Bewertung der Dinge. Und wenn wir eine Situation neu bewerten, wird sich häufig unser Glaube in Bezug auf diese Situation verändern."

Plötzlich wurde mir alles klar. Ich wusste, wie und warum sich mein Leben verändert hatte. Ich wusste jetzt alles, wonach ich suchte. Wenn ich mir eine Tonaufnahme anhörte oder ein Buch las, hatte ich mir stets Notizen gemacht. Dadurch hatte ich mich die ganze Zeit selbst neu bewertet; bei dem ganzen Wissen, das diese Autoren und Redner mit mir teilten, ging es um mich. Sie sprachen von der Wahrheit über mich selbst. Ich bewertete ganz neu, wer ich war. Vorher hatte ich gemeint, dass es nichts gab, was für mich sprach; dass ich ein nutzloser Kerl war und meine Vergangenheit über meine Zukunft bestimmte. Aber nun beschloss ich, dass sich das ändern musste.

Dieser Prozess benötigt Zeit. Es muss nicht so lange dauern, wie es bei mir der Fall war. Ich brauchte viele Jahre, um das zu lernen, was ich dir gerade erkläre. Mir war es damals noch nicht bewusst, aber ich veränderte mein Glaubenssystem, indem ich mir diese Tonaufnahmen immer wieder anhörte.

Durch Wiederholung wandelt sich das, was in deinem Inneren vor sich geht. Dein Glaubenssystem verändert sich, indem du dir eine Idee wiederholt anhörst. Wenn du dir immer wieder ein Audio darüber anhörst, wie gut du bist und wenn du es mit allen möglichen Beweisen untermauerst und es dir ständig weiter anhörst, dann glaubst du allmählich daran.

Erzählt man jemandem oft genug eine Lüge, wird er sie glauben. Hitler hat das unter Beweis gestellt. Er belog sein Volk; aber er war so überzeugend, dass man ihm glaubte. Manche glauben heute noch, dass er das Richtige tat. So lächerlich es auch sein mag, sie glauben daran, weil sie es so oft gehört haben.

Wenn du ein und dasselbe immer wieder hörst, wirst du es nach und nach glauben. Wir haben oft gehört, dass man ohne Schulbildung keinen Erfolg haben kann. Aber das stimmt nicht. Viele, die nie zur Schule gegangen sind, haben riesige Unternehmen aufgebaut. Man hat uns gelehrt, dass man ein Sünder ist, wenn man nicht in die Kirche geht. Auch das stimmt nicht.

Warum glauben wir so etwas? Weil wir es als Kinder immer wieder gehört haben. Es wurde in unser Gehirn einprogrammiert. Als Resultat des ständigen Hörens im Kindesalter bildete sich diese Überzeugung in uns heraus. Wir glauben es, sobald wir uns der Dinge bewusst werden; es wird zum Bestandteil unseres Glaubenssystems.

Ich bin zu dem Schluss gelangt, dass wir unsere Glaubenssätze immer wieder neu bewerten müssen. Wann immer du glaubst, dass du wegen irgendwelcher Bedingungen oder Umstände etwas nicht tun kannst, entbehrt dieser Glaube jeder Grundlage. Du musst an den Punkt gelangen, an dem du davon überzeugt bist, dass du etwas absolut Großartiges an dir hast. Wir alle haben etwas unglaublich Herrliches an uns und wir können es unser ganzes Leben lang studieren. Earl Nightingale hob hervor, dass sich unser Körper in einem Rhythmus von etwa 40 Millionen Zellen pro Sekunde verändert. Wir befinden uns in einer konstanten Evolution des Wandels.

Unser Glaubenssystem kann sich verändern und tut

es auch ständig. Diese Veränderung sollte zu Wachstum, Weiterkommen und einem vollständigeren Ausdruck führen. Wir sind spirituelle Wesen. Das Geistige strebt immer danach, sich zu erweitern und noch umfassender auszudrücken. Es ist immer für das größere Wohl – nicht manchmal, sondern immer. Sobald wir das verstehen und damit verschmelzen, wird sich unser Leben stetig verbessern.

Bewusste und unbewusste Glaubenssätze

Manchmal verlieren Menschen das Vertrauen, wenn sie sich ein neues Glaubenssystem zulegen wollen und nicht sofort Resultate sehen. Was sollen wir also tun, wenn unsere neue Vision von uns selbst sich kurzfristig nicht in unseren Resultaten widerspiegelt?

Für ein Verständnis dieses Problems musst du erkennen, dass es um zwei Ebenen geht: die bewusste und die unbewusste. Du kannst etwas auf der bewussten Ebene glauben, ohne davon auf der unbewussten Ebene überzeugt zu sein. Sagen wir, du hast *Denke nach und werde reich* gelesen und glaubst daran, dass du viel Geld verdienen kannst; aber du verdienst keines. Wo liegt das Problem? Der Glaube befindet sich nur in deinem Verstand; er muss aber auch in dein Unterbewusstsein aufgenommen werden. Solange er nicht richtig in dein Unterbewusstsein eingepflanzt ist, wird er sich nicht in Resultaten manifestieren.

Es ist für die Menschen sehr verwirrend, wenn sie an etwas glauben, das sich nicht in ihrem Leben zeigt.

Es fehlt ihnen an der Praxis, Glaube und Verhalten miteinander zu vereinen. Wenn du sagst, „Ich glaube, ich kann etwas tun" und tust es nicht, hast du diesen Glauben nicht korrekt in dein Unterbewusstsein eingepflanzt. Das Verankern geschieht durch Wiederholung und richtiges Visualisieren; dann wird er sich auch in den Resultaten manifestieren.

Der Autor George Leonard verfasste ein Buch mit dem Titel *Der längere Atem*. Laut ihm werden wir eine Zeit lang auf einem Lernplateau bleiben, wenn wir uns einer Sache verschreiben. Hängen wir uns aber tagein, tagaus rein, werden wir eines Tages einen Sprung machen und uns auf einem neuen Level wiederfinden. Wir wissen nicht, wann dieser Sprung geschieht. Aber wenn er stattfindet, wird er zu einem Quantensprung.

Haben wir diese Ebene der Meisterschaft erreicht, werden sich unsere Resultate gewaltig verändern. Das geschieht so schnell, dass es schon fast schockierend ist. Als mein Einkommen von 4.000 Dollar im Jahr auf 14.500 Dollar im Monat stieg, war das ein Schock für mein gesamtes System. Das geschieht, wenn wir etwas meisterlich beherrschen.

Dieser Prozess dauert bei jedem Menschen unterschiedlich lange. Ich denke, es hängt von der Häufigkeit der Wiederholungen ab – wie häufig und in welcher Tiefe du studierst. Wiederholung ist der Schlüssel.

Die Leute besuchen Seminare, lesen Bücher und hören sich Audioaufnahmen an, ohne dass sich Resultate einstellen; das frustriert sie. Sie verstehen nicht, dass alles Mögliche geschieht, das sie nicht sehen können. Wir sind Teil einer unsichtbaren Welt. Tatsächlich ist der größte Teil der Welt nicht zu sehen. Nichts wird erschaffen oder zerstört. Das Gesetz der Schwingung besagt, dass alles auf unterschiedlichen Frequenzen schwingt. Jede Frequenz ist mit ihrer oberen und unteren Nachbarfrequenz verbunden, alles ist miteinander verknüpft. Sichtbares und Unsichtbares sind miteinander verbunden. Das Geistige manifestiert sich in seinem exakten Gegenteil. Es wirkt mit und durch den physischen Körper, in dem du lebst.

Der Durchschnittsmensch weiß nichts von alldem oder glaubt es nur auf der Verstandesebene, ohne dass etwas geschieht. Das führt zu Frustration. Sehr oft geben die Menschen auf, obwohl sie vielleicht, wie Napoleon Hill sagte, nur 10 Zentimeter vom Reichtum entfernt sind.

In seinem Buch *You 2* schrieb Price Pritchett: „Fehlende Beweise sind kein Beleg dafür, dass das Gute nicht kommt.“ Und weiter: „Denken Sie an einen Eisberg, von dem man nur die Spitze von dem sieht, was tatsächlich da ist; genauso real und den Blicken entzogen sind die unsichtbaren Quellen, die bereitstehen, um einen tiefgreifenden Unterschied in dem zu bewirken, was Sie erreichen können.“

Wir haben es hier mit etwas zu tun, das wir nicht verstehen; mit etwas, das den meisten Menschen völlig fremd ist. Der Durchschnittsmensch weiß nur sehr wenig über sich selbst. Wir lernen in der Schule nichts über uns selbst. Auch während eines Studiums der Psychologie beschäftigt man sich nie mit der Essenz unseres Wesens. Alles bleibt auf der Verstandesebene. Du tauchst nie in die spirituelle Essenz deines Daseins ein und das ist ziemlich traurig.

Als ich diese Ideen zum ersten Mal hörte, hielt ich sie für töricht. Aber der Mann, der sie mir erklärte, meinte: „Mein Weg funktioniert und deiner nicht. Vielleicht solltest du es mal mit meinem Weg versuchen.“ Er war glücklich, gesund und wohlhabend. Ich war unglücklich, krank und pleite. Er forderte mich auf: „Tu genau das, was ich dir sage, bis du herausfindest, dass ich dich anlüge oder nicht weiß, wovon ich rede.“

Ich fand, das machte Sinn; also befolgte ich seinen Rat. Augenblicklich begann sich alles zu verändern. Dadurch wandelte sich auch mein Glaubenssystem. Wernher von Braun wird von vielen als Vater des Raumfahrtprogramms angesehen. Er sagte, dass sein jahrelanges Studium der spektakulären Mysterien des Kosmos ihn zu einem festen Glauben an die Existenz Gottes geführt hatte. Laut ihm sind die Naturgesetze des Universums so präzise, dass wir keine Schwierigkeit haben, Raumschiffe zu bauen und Menschen damit auf den Mond zu schicken; wir können selbst die Landung auf Sekundenbruchteile genau bestimmen. Er meinte auch, dass es jemanden geben muss, der diese Gesetze festgelegt hat.

Das gefällt mir und ich habe es übernommen. Der Trick besteht darin, die Gesetze so gut zu verstehen, wie du nur kannst. Dann beginnst du zu verstehen, wie die Dinge geschehen und wie sie geschehen können.

Ablenkungen überwinden

Als Präsident John F. Kennedy an von Braun die Frage stellte, „Was ist nötig, um eine Rakete zu bauen, die einen Menschen zum Mond und sicher wieder zurück auf die Erde bringt?“, antwortete dieser: „Der Wille, es zu tun." Der Wille ist eine unserer höheren Fähigkeiten und versetzt uns in die Lage, eine einzelne Idee auf unserem geistigen Bildschirm festzuhalten und alle äußeren Ablenkungen auszublenden.

Doch leider lassen wir uns ständig ablenken. Wir sehen, hören, riechen, schmecken und fühlen, aber die 5 Sinne verbinden uns nur mit der äußeren materiellen Welt. Draußen ist immer etwas los und lechzt nach unserer bewussten Aufmerksamkeit. Mit dem richtigen Gebrauch des Willens schaltest du die 5 Sinne aus und bringst deinen Geist in einen perfekten Einklang mit der Idee, auf die du deinen Fokus richtest. Genau das machen auch die großen Golfspieler. Alle Spitzensportler tun das. Und auch alle Topverkäufer. Das tun alle Menschen, die in irgendeinem Bereich Spitzenleistungen erbringen. Sie fokussieren sich. Sie bleiben bei einer Sache und probieren nicht ständig etwas Neues aus.

Als menschliche Wesen teilen wir uns den spirituellen Aspekt mit dem Rest der Schöpfung. Tatsächlich ist das Geistige zu 100 Prozent an allen Orten gleichzeitig präsent. Das Geistige ist allgegenwärtig. Alles ist geistig. Es gib nichts, was nicht geistig ist. Es manifestiert sich auf vielfältige Art und Weise, aber es tut dies stets als sein genaues Gegenteil: in physischer Form.

Wir teilen das Geistige mit allem Existierenden. Was

uns vom ganzen Rest unterscheidet, ist die Bewusstheit. Wir sind uns unserer selbst bewusst. Wir haben Eigenschaften des Intellekts erhalten, mit denen laut unseres Wissens keine andere Lebensform gesegnet wurde: Wahrnehmung, Wille, Verstand, Vorstellungskraft, Gedächtnis und Intuition.

Jede dieser Fähigkeiten können wir bis zu einem enormen Grad weiterentwickeln. Sie spiegeln sich in deinen Ergebnissen wider. Du wirst sie an ihren Früchten erkennen. Aber ich sagte schon, dass nur sehr wenige über ihre höheren Fähigkeiten Bescheid wissen. Sie orientieren sich nur an dem, was sie durch ihre Sinnesorgane wahrnehmen. Lässt du dich von der physischen Welt kontrollieren, wirst du nie mehr als das haben, was du jetzt schon hast.

Alles in unserer materiellen Welt befindet sich in der dritten Dimension. Du solltest darüber hinausgehen und dich deinen höheren Fähigkeiten widmen. Wenn wir als Gottes Ebenbild erschaffen wurden, ist alles möglich. Wir können alles tun. Wir sind nicht Gott. Aber wir sind ein Ausdruck Gottes und können Großes bewirken. Jesus sagte, dass wir sogar noch größere Werke vollbringen können (Johannes 14,12). Wir haben es mit einer unendlichen Kraft zu tun und es gibt keine Grenzen für das, zu dem du fähig bist. Ganz gleich, was du tust oder wie gut es ist, es kann immer noch besser werden. Ich finde, *besser* ist ein schönes Wort.

Unsere Emotionen belegen den Pilotensitz. Sie setzen uns in Bewegung, aber unser Verstand bestimmt, was Teil unserer Emotionen werden soll. Unser Bewusstsein geht sowohl induktiv als auch deduktiv vor. Das Unterbewusstsein agiert nur deduktiv; es kann nur annehmen und nichts ablehnen. Dein Bewusstsein besitzt die Fähigkeit des induktiven Nachdenkens. Das versetzt dich in die Lage, wählen zu können, was in dein Unterbewusstsein einsinken soll. Nutzt du diese Fähigkeit zum induktiven Nachdenken nicht, lässt du sie brachliegen, dringt alles um dich herum Geschehende direkt in dein Unterbewusstsein ein und lenkt dein Verhalten.

Wie Werbung funktioniert

So funktioniert Werbung: Sie umgeht unseren induktiven Verstandesfaktor und öffnet unser Unterbewusstsein, damit wir allem, was man uns sagt, völlig deduktiv erlegen sind und uns entsprechend verhalten. Man kann den induktiven Verstandesfaktor eines Menschen durch Faszination, Zustimmung oder Schock außer Kraft setzen. Auf diese Weise kann man Menschen hypnotisieren. Hypnose ist nichts anderes als Suggestion; und

Werbung ist eine Form von Hypnose. Sie fasziniert oder schockiert dich, umgeht deinen induktiven Verstandesfaktor und – zack! – ein Bild erscheint und dringt direkt in dein Unterbewusstsein ein. Das geschieht nicht nur einmal. Es wird nicht nur ein Werbespot gesendet, sondern eine ganze Reihe davon. Diese werden immer wieder ausgestrahlt und die Botschaft dringt direkt in dein Unterbewusstsein ein. Schließlich ertappst du dich dabei, wie du genau das tust, was die Werbung von dir will; und du fragst dich warum. Der Grund ist, dass man eine Idee in deinen Geist eingepflanzt hat.

Werbefachleute wissen, dass du eine Idee umsetzen wirst, wenn sie oft genug auf dich abgefeuert wird, während du dich in einem bestimmten mentalen Zustand befindest. Sie bringen dich in einen Zustand der Faszination. Du siehst dir einen Film an und auf einmal schleicht sich jemand von hinten an eine Person heran. Dein Herz rast, du sitzt ganz vorne auf der Stuhlkante und plötzlich – wumms! – siehst du ein tolles Auto vor dir. Das geschieht nicht nur einmal, sondern immer wieder. Und dann fragst du dich, warum du im Ausstellungsraum des Autohändlers herumläufst.

Alles spielt sich im Unterbewusstsein ab. Es veranlasst uns, aktiv zu werden. Das Bewusstsein kann allerdings bestimmen, was in das Unterbewusstsein eindringen darf. Dafür muss man nachdenken, aber die meisten tun das nicht. Beobachtest du sie, kannst du erkennen, dass sie nicht nachdenken.

Reagieren oder überlegt handeln

Dr. Viktor Frankl schrieb ein wunderbares Buch mit dem Titel *Trotzdem Ja zum Leben sagen*. Der jüdische Psychoanalytiker wurde im Zweiten Weltkrieg in einem Konzentrationslager gefangen gehalten. Darüber schrieb er: „Unabhängig von den seelischen oder körperlichen Misshandlungen, denen man ausgesetzt war, konnte einen niemand dazu zwingen, etwas zu denken, das man nicht denken wollte.“ Er machte deutlich, dass es in jeder Situation einen Zeitraum zwischen dieser Situation und unserer Antwort darauf gibt. Diese Zeitspanne mag nur eine Millisekunde betragen, aber in dieser Zeit sind wir in der Lage zu wählen, ob wir überlegt handeln oder bloß reagieren wollen.

Reagierst du bloß, hast du deine Fähigkeit des Wählens an die Umstände oder die Person abgegeben. Du hast deine Macht an das abgegeben, worauf du reagierst. Sagst du etwas, das mich ärgert, habe ich meine Macht auf dich übertragen – ich habe dir gestattet, mich zu ärgern. Ich denke nicht mehr und überlasse alles meinem Unterbewusstsein.

Wenn ich aber überlegt antworte, halte ich kurz inne und denke mir: „Ich frage mich, warum er das gesagt hat, denn das stimmt ja überhaupt nicht. Ich bin ein sehr freundlicher Mensch, ich brauche das nicht zu akzeptieren." Wenn du nicht überlegt handelst, reagierst du nur. Die Menschen müssen lernen, sich so zu verhalten. Ich habe es bereits Kindern beigebracht. Das hat ihr Leben verändert. Vorher hatten sie immer nur auf das reagiert, was gerade vor sich ging. Ich erklärte ihnen: „Wenn ihr reagiert, hat euch die gesamte Außenwelt unter Kontrolle und ihr habt euch selbst überhaupt nicht im Griff."

Damit du in die Lage des überlegten Handelns statt Reagierens kommst, musst du dir zuerst bewusst werden, dass du reagierst; eine Reaktion geschieht sehr schnell. Es gibt den bekannten Ausdruck: „Diese Person weiß wirklich, wie sie deine Knöpfe drücken muss." Die Menschen müssen nachdenken, damit sie überlegt handeln können. Und sie müssen aufhören, sich Sorgen zu machen, was andere Leute wohl denken mögen. Sagt jemand etwas Beleidigendes zu dir, könntest du darauf reagieren. Dein Gegenüber wird wütend, also wirst du auch wütend. Du schreist mich an, also schreie ich dich an. So kann es keinen Gewinner geben.

Wenn so etwas passiert, solltest du einen Moment innehalten und dich fragen, warum sich die andere Person so verhält oder warum sie so etwas sagt. Unser gesamtes System ist auf Reaktion ausgelegt.

Wir reagieren ständig auf Suggestionen. Mit diesem ganzen Unsinn – Schreien und Streiten und Ausschreitungen – reagieren die Menschen aufeinander, ohne nachzudenken. Dann versuchen wir, sie mit noch mehr vom Gleichen niederzudrücken. Es kann nicht funktionieren, Feuer mit Feuer zu bekämpfen.

Wir müssen die Menschen dazu ermutigen, innezuhalten und nachzudenken. Aber in der Schule bringt uns niemand das Denken bei. Das Denken sollte ebenso wie das Zehnfingersystem oder das Klavierspielen ein Lehrfach sein, das unterrichtet wird. Du kannst darin geschult werden, deine höheren Fähigkeiten und deinen induktiven Verstandesfaktor zu nutzen. Und du kannst beschließen, dir das überlegte Handeln zur Gewohnheit zu machen; anstatt auf das zu reagieren, was im Äußeren vor sich geht. Und du kannst richtig gut darin werden.

Ich will damit nicht sagen, dass ich niemals reagiere; auch mir passiert das manchmal. Aber wenn ich es tue, werde ich mir dessen bewusst und stoppe es. Wenn du immer nur reagierst, kannst du nicht gewinnen.

Schriftliches Problemlösen

Ich nutze verschiedene Techniken, wenn ich ein Problem habe. Als erstes schreibe ich es auf Papier, so klar wie ich kann. Nachdem ich es notiert habe, streiche ich so viele Wörter wie möglich, ohne dass die Grundidee verloren geht. Diese muss so klar sein, dass du das Problem genauso siehst wie ich, wenn ich dir das Blatt geben und dich es lesen lassen würde.

Habe ich das Problem auf diese Weise dargelegt, setze ich mich an einen anderen Platz am Tisch. In meinem Haus lege ich es auf den Esstisch. Wenn ich im Büro bin, lege ich es mitten auf meinen Schreibtisch. Dann setze ich mich woanders hin und frage mich: „Wie würde Earl Nightingale dieses Problem betrachten?" Ich versuche mental, mich in Earls Energie hineinzuversetzen. Wie würde er es wahrnehmen? Wie würde er es betrachten?

Nachdem ich mit diesen Fragen gespielt habe, setze ich mich wieder woanders hin und frage mich: „Was würde Napoleon Hill dazu meinen?" Danach setze ich mich nochmal auf einen anderen Stuhl und frage mich: „Wie würde Andrew Carnegie das betrachten?" Ich wähle ein halbes Dutzend Menschen aus – vielleicht auch Edison oder Henry Ford – und versetze mich mental in ihre Energie. Und schon bald sehe ich das Ganze aus einer völlig neuen Perspektive.

Ich habe bereits meinen verstorbenen Freund Wayne Dyer zitiert: „Wenn wir die Dinge anders betrachten, ändern sich die betrachteten Dinge." Das bedeutet, unsere Wahrnehmung einer Situation zu verändern. Dies ist eine Möglichkeit und sie funktioniert einfach wunderbar.

Als Nächstes solltest du von oben nach unten vorgehen. Damit meine ich, dich vom Geistigen über den Verstand in die physische Welt zu bewegen. So solltest du immer vorgehen: vom Geistigen zum Verstand und zum Physischen. Arbeitest du mit Elektrizität, bewegst du dich von einem höheren zu einem niedrigeren Potenzial. Handelst du entgegen dem Gesetz, wird dir die Elektrizität keinerlei Nutzen bringen.

Das Geistige wirkt auf der Gedankenebene. Du gehst von innen nach außen vor, nicht von außen nach innen. Du darfst dir nicht deine derzeitigen Resultate ansehen und dich davon beeinflussen lassen, so wie es die meisten Menschen tun. Sie bewegen sich von außen nach innen und von unten nach oben. Ihr Fokus liegt auf dem Problem und sie beten zu einem unsichtbaren Gott, irgendwo auf einer Wolke, der es in Ordnung bringen soll.

Wir sind spirituelle Wesen. Wir können uns in der Gedankenwelt an unser geistiges Selbst wenden. Gedanken sind wie das Geistige allgegenwärtig. Während seines Mondflugs führte der Astronaut Edgar Mitchell Experimente mit Gedankenübertragung durch, worüber später ein Bericht in einer Psychologiezeitschrift erschien.

Deine Gedanken sind allgegenwärtig. Wenn du denkst, arbeitest du mit einer enormen Kraft zusammen. Gedanken sind die mächtigste Energieform, die es gibt. Ein Laserstrahl sieht im Vergleich dazu bescheiden aus. Aus einem Gedanken werden eine Idee und ein physischer Gegenstand. Du gehst nicht von außen nach innen vor, sondern von innen nach außen. Ich mache das schon seit langer Zeit und es funktioniert wunderbar. Handelst du in Harmonie mit dem Gesetz, ist alles in wunderschönem Fluss. Tust du dies aber nicht, ist es nicht schön, sondern wird ziemlich ungemütlich.

Kapitel 6

Ein Paradigma für Spitzenleistungen

Nun möchte ich über Wege sprechen, wie wir unseren machtvollen Geist nutzen können, um ein Paradigma für Spitzenleistungen zu formen.

Eine der allerwichtigsten Eigenschaften hierfür ist eine großartige Einstellung. Mein Mentor Earl Nightingale meinte, *Einstellung* sei das magische Wort. Wie kann ein Mensch seinen Geist nutzen, um eine großartige Einstellung zu entwickeln? In welchen Gewohnheiten kannst du dich täglich üben, um sie zu verstärken?

Ich studiere ständig. Auf meinem Schreibtisch liegen mehrere Bücher: *You 2* (Du hoch zwei) von Price Pritchett, *Ask!* (Frage!) von Mark Victor Hansen und seiner Frau Crystal, *You Too Can Be Prosperous* (Auch du kannst zu Wohlstand gelangen) von Robert Russell, *Die Macht des Bewusstseins* von Neville und *Denke nach und werde reich* von Napoleon Hill. Ich habe immer Bücher auf meinem Schreibtisch.

Die Werke von Thomas Troward sind in meinem Buchständer. Falls du seine Werke noch nicht kennst, solltest du einen Blick hineinwerfen. Als ich Earl 1968 einmal besuchte, las er gerade Trowards *Edinburger Vorlesungen über die Mentalwissenschaft*. Ich fragte Earl, ob ich das auch lesen sollte. Er sah mich nur an und sagte knapp: „Ja." Ich brauchte bis 1970, um zu verstehen, was ich da las. Ich las eine Seite und wusste nicht, was ich gerade gelesen hatte. Auf jeden Fall sind es fantastische Inhalte.

Durch konstantes Studieren halte ich meine Einstellung aufrecht. Studieren ist die einzige Möglichkeit zur Selbstverbesserung. Es gibt keinen anderen Weg. Du musst versuchen, ein größeres Verständnis über dein Wesen und über deine Beziehung zu allem im Universum zu entwickeln.

Gleichzeitig versuche ich, die Abläufe in unserem Unternehmen ständig zu verbessern. Ich will dauernd unsere Umsätze steigern, ich will mehr verkaufen. Mit unserer Vertriebsabteilung tausche ich mich über neue Verkaufsideen aus und entwerfe immer wieder neue

Trainingsprogramme. Zurzeit arbeite ich an einem Meisterkurs zu meinem Buch *Erkenne den Reichtum in dir*, das ich 1984 schrieb. Ich begann 1961 zu studieren. Bevor ich es schrieb, hatte ich demnach bereits 23 Jahre studiert. Es behandelt großartige Themen: „Das Geld und ich", „Hilf dir selbst, dann hilft dir Gott", „Das Gesetz der Schwingung". Seit dem Verfassen dieses Buches sind 36 Jahre vergangen. Doch ich kann dieselben Themen auch heute nutzen, da ich sie sehr viel besser verstehe und viel mehr in die Tiefe gehen kann.

Als Nächstes brauchst du Ziele. Du musst die Messlatte für dich stets in dem Bewusstsein höher legen, dass deine Einstellung über deinen Erfolg oder Misserfolg bestimmt. Dann bewegst du dich immer in die richtige Richtung.

Entscheidung, Visualisierung, Disziplin

Im Folgenden führe ich einige einfache und grundlegende Regeln auf. Befolgst du sie, bist du ein Gewinner. Missachtest du sie, bist du ein Verlierer. Es gibt drei Aspekte, die man absolut verinnerlichen muss, wenn man sich ein wirklich hohes Ziel stecken und es verfolgen will. Der erste betrifft deine *Entscheidungen*. Als Zweites musst du das *Visualisieren* verstehen. Zum

Dritten brauchst du *Disziplin*. Auf diese Weise halte ich meine gute Einstellung aufrecht und sorge dafür, dass die Dinge für mich und das Unternehmen in die richtige Richtung gehen.

Mehr als einmal habe ich in diesem Buch Neville erwähnt. Er und seine Werke haben mich ebenso inspiriert wie viele andere, die im Persönlichkeitstraining aktiv sind. Eines der vielen Dingen, die meine Einstellung vom Negativen ins Positive gewandelt hat, ist die Frage von Neville, die ich mir vor dem Zubettgehen stelle: „Wie fühle ich mich jetzt, da mein Traum erfüllt ist?"

Ich arbeite ständig an verschiedenen Fragen und Träumen. Gefühle sind dabei sehr wichtig. Entscheidend ist nicht, was man denkt; entscheidend ist, was man fühlt. Wir werden nicht zu dem, was wir denken, sondern zu dem, was wir fühlen. Das Denken spielt sich im Bewusstsein ab, die Gefühle entstehen jedoch im Unterbewusstsein, im universellen Teil unserer Persönlichkeit. Und wir brauchen das Visualisieren: Du musst dein verwirklichtes Ziel bildlich vor dir sehen.

Du musst *vom* Ende her beginnen und nicht *auf* dieses hinarbeiten. Machst du es richtig, bist du auf dem richtigen Weg. Dann ist es nur noch eine Frage der Zeit, bis sich dein Ziel in materieller Form manifestiert;

in deinem Verstand und in deinen Emotionen hast du es bereits verwirklicht. Niemand weiß, wie lange die Reifezeit einer Idee dauert. Hier kommt der Glaube ins Spiel.

Ich möchte auf einige andere Aspekte eines Power-Paradigmas eingehen. Als Erstes solltest du die Verantwortung für dein Fühlen und Handeln übernehmen. Energie durchströmt uns und es liegt an uns, sie in jede gewünschte Richtung zu lenken.

Lass es uns einmal so betrachten: Wir sind spirituelle Wesen. Wir haben keine Seele, sondern wir *sind* die Seele. Das Geistige erwartet Anweisungen von der Seele. Aus diesem Grund hat man uns gelehrt: „Bittet, und es wird euch gegeben." Du musst ein Vorstellungsbild deines Ziels erschaffen. Die geistige Energie fließt ständig zu und durch uns. Wir müssen ihr eine Richtung geben. Die Seele lenkt unaufhörlich die Energie, die zu ihr und durch sie fließt.

Alles liegt an uns. Gott entscheidet nicht darüber, wohin wir uns bewegen – diese Entscheidung treffen wir. Gott erledigt die Arbeit, aber wir entscheiden. Das gesamte Werk Gottes geschieht durch uns. Gott befindet sich in jeder Zelle unseres Wesens und wirkt auf gesetzmäßige, geordnete Weise. Gott nimmt unser Vorstellungsbild und leitet es weiter. Und sogleich beginnt es, eine Form anzunehmen.

Das zweite Prinzip lautet: Entscheide, was du willst und verhalte dich so, als ob du es bereits hättest. Das, was du willst, befindet sich bereits hier; wenn nicht in einer Form, dann in einer anderen. Die meisten verstehen das nicht. Sie begreifen nicht, dass nichts erschaffen oder zerstört wird – alles ist bereits da. Deshalb meinte Wernher von Braun zu Präsident Kennedy, dass Willensstärke alles ist, was für den Flug eines Menschen zum Mond notwendig ist. Die Mittel und Wege zur Verwirklichung unserer Ziele sind bereits vorhanden. Wir müssen nur in Kontakt mit ihnen kommen. Wenn du eine Entscheidung triffst, gibt es nur eine einzige Voraussetzung: Willst du es?

Mit Schwingungen arbeiten

Du arbeitest mit Schwingungen. Stelle dir mehrere Linien untereinander vor, wie auf einem linierten Schreibblock. Jede Linie entspricht einer Schwingungs- oder Frequenzebene. Nun schreibe ein R auf eine der unteren Linien und sage: „Das R steht für Resultate." Dort befindest du dich im Moment. Zeichne ganz oben rechts auf dem Blatt ein Sternchen. Es befindet sich auf einer höheren Linie und damit auf einer höheren

Frequenz. Es soll für dein Ziel stehen. Du musst dich und dein Bewusstsein auf diese Linie bringen, auf diese Frequenz, sonst wirst du dein Ziel nie erreichen. Dafür musst du dich wie die Person verhalten, zu der du werden willst. Du musst auf diese Frequenz gelangen und dort leben.

Das ist der einzige Weg, wie dein gewünschtes Resultat zu dir kommen kann. Die meisten träumen nur von ihren Zielen, ohne sie je zu erreichen. Du musst wie der Mensch handeln, zu dem du werden willst. Du musst dein Ziel *sein*. Aus diesem Grund sagte der deutsche Philosoph Goethe: „Bevor du etwas tun kannst, musst du zuerst etwas *sein*."

Dein Power-Life Drehbuch

Eine in meinen Seminaren verwendete Technik besteht darin, ein Power-Drehbuch für das eigene Leben zu verfassen und es mit der eigenen Stimme aufzuzeichnen. Hierfür beschreibst du alle deine Ziele und deinen gewünschten Lebensstil so detailreich wie nur möglich. Benutze stets die Gegenwartsform und beginne mit einer Dankbarkeitsformel: „Ich bin jetzt so glücklich und dankbar, dass ..." Du musst dich gedanklich an diesen Ort begeben und dort leben, was ein schwieriges

Unterfangen ist. Beschreibe, was du denkst, was du tust und wie du lebst: Das ist das Drehbuch deines Lebens.

Deine Arbeitskollegen, deine Nachbarn, dein Schwager, alle werden sie fragen: „Für wen hältst du dich eigentlich?“ Das gefällt dir zwar nicht, aber du musst über dem stehen, was sie denken. Wenn du dich nicht bereits am Ziel siehst, nicht so sprichst und dich nicht so verhältst, wirst du niemals dort ankommen.

Aus diesem Grund ist die Vorstellungskraft etwas Fantastisches. Fantasie ist nicht nur etwas, mit dem Kinder spielen; sie ist etwas, das alle klugen Menschen zur Erschaffung von Gutem nutzen – zunächst auf der Ebene des Geistes. Wir begeben uns dorthin, wo wir sein wollen und sehen uns bereits am Ziel. Wir gehen und sprechen, als ob wir schon dort wären und verhalten uns auch so; denn in unserer Vorstellung *sind* wir bereits dort.

Genau das geschieht im Gebet. Im Gebet vollzieht sich eine Bewegung zwischen Geist und Form, mit und durch uns. Alle Gebete erhalten eine Antwort. Die meisten denken, beten bedeutet, auf die Knie zu sinken und zu reden. Das ist kein Gebet. Das sind nur Geräusche beim Niederknien. Ein Geistlicher sagte einst zu mir: „Beten ist das, was die meisten zwischen den Gebeten tun.“ Wenn du darüber nachdenkst, erkennst du, wie zutreffend seine Worte sind. Im Gebet begibst du dich mental in das, wonach du im Geist verlangst – du begibst dich in dessen geistige Essenz. Anschließend lässt du es durch dein ganzes Wesen fließen. In diesem Moment beginnt es, Form anzunehmen. Es ist nur noch eine Frage der Zeit, bis sich dein Traum in physischer Form manifestiert und auch andere das erblicken können, was du schon eine ganze Weile gesehen hast.

Earl Nightingale sagte: „Dieser große Traum, dieses emporstrebende, dynamische Etwas, das für alle Welt unsichtbar bleibt, außer für die Person, die daran festhält, ist für alle großen Fortschritte der Menschheit verantwortlich.“ Das ist eines meiner Lieblingszitate.

Ein anderer wertvoller Aspekt des Niederschreibens und Aufzeichnens des Power-Lebensdrehbuchs besteht darin, dass so viele von uns an das Geplapper und die angsterfüllten Selbstgespräche gewöhnt sind, die sich in unserem Gehirn abspielen. Die versuchen, uns in unser altes Paradigma zurück zu zerren, indem sie unsere Ängste ständig wiederholen und sie uns mit unserer eigenen Stimme zu Gehör bringen. Zeichnest du dein in der Gegenwartsform ausformuliertes Lebensdrehbuch mit deiner eigenen Stimme auf und hörst dir selbst immer wieder beim Aussprechen dieser Realität zu, wird sich deine innere Stimme auf deine Ziele einstellen. Darin steckt sehr viel Power, da du deiner eigenen Stimme vertraust. Dies muss unbedingt in dein Unterbewusstsein eindringen.

Alle großen Schauspieler machen das. Möchtest du dich in dieses Konzept vertiefen, empfehle ich dir das Buch *Die Schule der Schauspielkunst* von Stella Adler. Sie war eine großartige Lehrerin des „Method Acting". Marlon Brando war einer ihrer Schüler und der erste, der mit dem „Method Acting" zum Superstar wurde. Er hat das Vorwort zu diesem Buch verfasst. Stella Adler hat dieses Buch nicht selbst geschrieben. Sie hatte ihre Lektionen notiert, nach ihrem Tod erstellte ein Mann namens Howard Kissel eine Zusammenfassung und veröffentlichte diese im Buch *Die Schule der Schauspielkunst*. Ein wunderbares Werk.

Es ist so, wie William James sagte: „Du musst so wie der Mensch handeln, zu dem du werden willst." Wenn ich es recht verstehe, spielte Yul Brynner im Musical *Der König und ich* die Rolle des Königs von Siam auf der Theaterbühne 3.000 Mal. Und bei jedem Auftritt war es so, als ob es sein erster wäre. Er verstand es, in seiner Rolle aufzugehen.

Bei den Dreharbeiten zum Film *Patton* wurde George C. Scott dem General Patton immer ähnlicher, sodass einige von Pattons Freunden am Set es mit der Angst zu tun bekamen. George C. Scott war ein großartiger Schauspieler. Alle großen Schauspieler leben ihre Rollen. Auch wir müssen das tun. Wir müssen das Drehbuch schreiben und in unserer Rolle aufgehen. Auf diese Weise wird sie physische Form annehmen.

Dein Rechenschaftspartner

Eine weitere wichtige Idee für ein Spitzenleistungsparadigma besteht darin, dir einen Rechenschaftspartner zu suchen. Wir sagen, dass wir etwas tun werden und wenn wir es sagen, glauben wir es wahrscheinlich auch. Häufig kommt uns jedoch das Leben in die Quere und wir lassen es bleiben. Selbst wenn Menschen sagen, dass sie sich zu einem bestimmten zielführenden Verhalten verpflichtet haben, führen sie es oft nicht aus.

Wenn du eine unumstößliche Verpflichtung eingehst und einen Rechenschaftspartner hast, bist du dieser Person gegenüber verantwortlich. Wähle eine Person als Rechenschaftspartner, die du respektierst und von der du respektiert werden willst. Du sagst, „Das werde ich tun" und dein Partner nimmt dich dafür in die Pflicht. Du willst ihn nicht enttäuschen und du willst nicht in seinen Augen schlecht dastehen. Damit steigt die Wahrscheinlichkeit beträchtlich, dass du es tatsächlich tun wirst.

Ich habe bereits die Rechenschaftsmethode angesprochen, die zwischen Sandy Gallagher und mir existiert. Jeden Morgen schreibe ich dreimal meine Sätze auf. Dann mache ich davon eine Sprachaufzeichnung und anschließend sende ich sie ihr als SMS. Ich will nicht, dass sie denkt, dass ich es nicht tun werde. Ich möchte ihren Respekt und ich weiß, dass auch sie meinen Respekt will. Wir nutzen diese Vorgehensweise für verschiedene Projekte, mit denen wir uns beschäftigen; wir sind einfach phänomenale Partner.

Sandy kann all das sehr gut, worin ich nicht gut bin. Ich kann alles sehr gut, was sie nicht gut kann. Neulich sprachen wir über eine bestimmte Person in unserem Unternehmen und ich meinte: „Diese Person ist sich nicht bewusst, was sie nicht gut kann und das bereitet ihr Probleme."

Du musst dir bewusst sein, was du nicht gut kannst. Es ist in Ordnung, etwas nicht gut zu können. Du musst nicht in allem gut sein. Es gibt gewisse Dinge, von denen ich weiß, dass ich sie nie gut beherrschen werde – ich will es nicht einmal versuchen. Diese Dinge lasse ich von jemand anderem erledigen. Stattdessen arbeite ich daran, in dem, was ich tue, jeden Tag besser zu werden. Auch du solltest in dem, was du gut kannst, immer besser werden. Du solltest das delegieren, worin du nicht gut bist. Und du solltest einen Rechenschaftspartner haben. Wenn du sagst, dass du etwas tun wirst, sorge dafür, dass es tatsächlich getan wird.

Spüre die Vision

Der nächste Punkt besteht darin, an der Vision festzuhalten und diese ganz natürlich zu spüren. Durch regelmäßiges Einprogrammieren deiner Gedanken und Zielbeschreibungen wird das, was sich anfangs unbehaglich anfühlte, zu einem ganz natürlichen Gefühl.

Das lässt sich mit dem Autofahren vergleichen. Bei meinen ersten Fahrstunden dachte ich, dass ich es nie lernen würde. Meine Mutter versuchte, es mir beizubringen. Sie schrie mich an und ich schrie zurück. Da meinte sie: „Schrei mich nicht an, ich bin deine Mutter!" Gleichzeitig versuchte ich herauszufinden, wie man die Gänge wechselt, wann man die Kupplung lösen und wann man bremsen muss. Das fühlte sich alles sehr unangenehm an und machte mir Angst. Später denkt man nicht mehr dran, dass man gerade ein Auto lenkt. Alles läuft auf unbewusster Ebene ab. Indem du immer wieder tust, was sich unbehaglich anfühlt, wirst du dich allmählich damit wohlfühlen.

Sagen wir, du trägst in deinem Unterbewusstsein eine Idee vom Typ X und in deinem Bewusstsein eine Idee vom Typ Y. Das X steht für deine Programmierung, für dein Paradigma. Die Y-Idee ist eine neue Idee, zum Beispiel deinen Job aufzugeben und dich selbständig zu machen. Du versuchst, dich mit deinen Gefühlen auf die Y-Idee einzulassen, aber dein X wirft sie immer wieder hinaus. Das X sorgt dafür, dass du dich mit dem Gedanken des Jobaufgebens und der Selbstständigkeit äußerst unwohl fühlst. Eine Hypothek auf dein Haus aufzunehmen und deine ganzen Ersparnisse aufs Spiel zu setzen – eine angsterregende Vorstellung! Spielst du aber weiter mit der Y-Idee und lässt dich emotional darauf ein, wird die Y-Idee ziemlich schnell zu einer X-Idee, mit der du dich wohlfühlst.

Genau das müssen wir tun. Wir müssen uns mit unseren Gefühlen auf die Idee einstellen, die uns Unbehagen bereitet. Und schon bald fühlen wir uns damit wohl. An diesem Punkt ist sie zum Bestandteil des Paradigmas geworden.

Ein Bequemlichkeitsgefühl ist aber kein Grund zum Ausruhen. Fühlst du dich mit allem in deinem Leben absolut wohl, hängst du fest und bewegst dich nur noch seitwärts; es findet keinerlei Wachstum statt. Du musst weiterhin etwas tun, das zu einem hohen Grad an

Unbehagen führt und solange damit fortfahren, bis du dich damit wohlfühlst. Sobald dies der Fall ist, solltest du dir ein weiteres Unbehagen erweckendes Ziel setzen. Dieses Unbehagen zeigt dir, dass du wächst; weil du in eine Richtung gehst, die du noch nie zuvor eingeschlagen hast.

Setze einen neuen Standard

Du musst einen neuen Standard für dich festlegen. Dies ist Teil des Selbstwertkonzepts. Ich versuche immer Menschen nachzueifern, die ich sehr bewundere. Ich will diese Inhalte so gut verstehen wie Earl Nightingale. Ich will sie so gut verstehen wie Thomas Troward und Neville. Ich suche mir Menschen aus, die große Stars in der Persönlichkeitsbranche sind und versuche, es ihnen gleichzutun.

Aber ich will sie nicht kopieren. In seinem Essay Selbstvertrauen schrieb Emerson etwas Brillantes: „Es gibt eine Zeit in der Erziehung jedes Menschen, wo er zu der Überzeugung gelangt, dass Neid Unwissenheit, Nachahmung Selbstmord ist; dass er sich selbst auf Gedeih und Verderb als sein Teil annehmen muss."

Eine andere Person zu beneiden, bedeutet zu sagen: „Ich bin mir nicht bewusst, dass ich dieselbe Kraft in mir habe wie sie. Sie nutzt diese Kraft, um ihre Resultate zu erzielen. Ich weiß nicht, dass ich diese Kraft habe, deshalb will ich die Person beneiden. Ich wünschte, ich hätte ihre Resultate; ich wünschte, ich würde dasselbe tun wie sie.“ Genau das ist Neid: Unwissenheit. Nachahmung ist Selbstmord. Es gibt keinen Weg, so zu sein wie ein anderer Mensch.

Ein wunderbares Gedicht von James T. Moore habe ich in mein Buch *Erkenne den Reichtum in dir* aufgenommen:

„Jeder Grashalm
und jede Schneeflocke –
ist jeweils nur ein kleines bisschen anders …
Zwei, die sich völlig gleichen, gibt es nicht.
Vom Kleinsten, wie dem Sandkorn,
bis zum allergrößten Stern
wurde alles mit dem einen Ziel erschaffen:
genau das zu sein, was es ist!
Wie dumm erscheint es dann, etwas nachzuahmen –
wie sinnlos, etwas vorzutäuschen!
Da jeder von uns von einem GEISTE erschaffen wurde,
dessen Einfälle niemals enden.
Es wird immer nur ein ICH geben,
um mein Können unter Beweis zu stellen –
und auch du solltest stolz sein auf DICH,

denn auch DU bist einzigartig.
Und damit fängt alles an,
bei dir, einem wundervollen
unbegrenzten menschlichen Geschöpf."

Selbstdisziplin

Als Nächstes musst du deine Selbstdisziplin steigern. Es ist nicht so, als ob du keine Disziplin hättest; du hast es nur zu keiner hohen Priorität erklärt, dich zur Selbstdisziplin anzuhalten. Selbstdisziplin bedeutet, dass du dir selbst den Befehl gibst, das zu tun, was du sagst.

Ich halte alle Menschen für diszipliniert. Manche sind hinsichtlich der falschen Dinge diszipliniert, aber sie tun sie trotzdem. Süchtige sind diszipliniert. Sie haben ein Verlangen zu einer Sucht werden lassen. Ich betrachte Disziplin als die Fähigkeit, sich selbst einen Befehl zu geben und diesen auszuführen: „Das werde ich tun." Allein damit kannst du schon sehr viel mehr erreichen.

Ein disziplinierter Befehl, den du dir selbst erteilst, macht dich in allen Dingen besser. Vor Kurzem habe ich einer Dame eine SMS geschickt. Sie hatte begonnen, sich eine Tonaufnahme anzuhören, die ich für sie erstellt hatte. Nach einer Weile hatte sie es aber sein lassen, um später wieder anzufangen. Als ich davon hörte, sandte ich ihr folgende SMS: „Glückwunsch! Sie hören sich die Audioaufnahme wieder an. Die Disziplin, die Sie entwickeln, wenn Sie es sich für die nächsten 30 oder 60 Tage täglich anhören, wird sich auf alle anderen Bereiche Ihres Lebens auswirken."

Autosuggestion

Eine weitere wertvolle Technik für deine tägliche Praxis sind Autosuggestionen. Eine Autosuggestion ist eine Suggestion, die du an dich selbst richtest. Es ist eine in deinem Bewusstsein entstandene Idee, die du an dein Unterbewusstsein übergibst. Wir haben es die ganze Zeit mit Autosuggestionen zu tun: Jeder mit einem Gefühl verbundene Gedanke ist eine Suggestion.

Das ist so etwas wie Selbsthypnose. Suggeriert ein anderer dir etwas hypnotisch, stammt der Gedanke nicht von dir. Dieses Konzept solltest du ständig auf dich selbst anwenden.

Eine der Tonaufnahmen von Earl Nightingale trägt den Titel *Das ist gut*. Er beschreibt darin eine Verhaltensweise seines Freundes W. Clement Stone. Am Anfang besaß W. Clement Stone nichts; am Ende seines Lebens war er einer der reichsten Menschen der Welt. Stone hatte sich den Spruch „Das ist gut“ zur Gewohnheit gemacht. Ganz gleich, was auch passierte, stets sagte er: „Das ist gut.“ Wenn du in allem nach dem Guten Ausschau hältst, wirst du in allem etwas Gutes finden; denn es gibt in allem etwas Gutes.

Mein lieber Freund Michael Beckwith hat einmal eine Idee mit mir geteilt, die mir sehr gefällt: Bei allem Geschehenden empfiehlt er eine dreistufige Vorgehensweise.

1. Betrachte die Situation und sage dir: „Es ist, wie es ist.“ Akzeptiere die Situation. Entweder du kontrollierst sie oder sie wird dich kontrollieren – da haben wir wieder den Gegensatz: reagieren oder überlegt handeln.

2. Ernte das Gute daran. Es gibt in allem etwas Gutes. Je mehr du nach dem Guten suchst, umso mehr wirst du es finden.

3. Lasse den Rest los. Gib ihn auf, wende dich völlig von ihm ab.

Eliminiere den Hang zum Aufschieben

Das nächste Prinzip lautet: Eliminiere die Prokrastination, den Hang zum Aufschieben, um deinen Zielen noch schneller näherzukommen. Ich denke, es gibt nur eine Möglichkeit, damit fertigzuwerden. Von allem existiert das Gegenteil. Das Gegenteil von Prokrastination ist das Entscheiden. Wenn jemand zu mir kommt und mir erzählt, dass er ständig alles vor sich herschiebt, empfehle ich ihm die Suche nach einem Übungspartner. Mit diesem soll er gemeinsam 60 Tage lang täglich im Buch *Denke nach und werde reich* das Kapitel über den Entschluss lesen. Es ist das längste Kapitel in diesem Buch und es ist unglaublich gut.

Beim Lesen des Kapitels brauchen sich die beiden Übungspartner nicht unbedingt an demselben Ort oder in derselben Stadt zu befinden; ihr könnt die Übung auch am Telefon durchführen. Einer von euch beiden beginnt ein paar Zeilen zu lesen und sagt dann „weiter“. Die andere Person beginnt an dieser Stelle, liest ein paar Zeilen und sagt „weiter“. Wer gerade nicht mit Lesen dran ist, verfolgt den Text mit den Augen, um zu wissen, wo es weitergeht. Wenn ihr das 60 Tage lang tut, werdet ihr die Prokrastination eliminieren; einfach nur, weil ihr eine Entscheidung getroffen habt.

Kapitel 7

Die Lektionen der Dankbarkeit in Freiheit

Dankbarkeit ist ein großartiges Konzept. Es ist merkwürdig, dass ich im siebten Kapitel dieses Buchs auf Dankbarkeit eingehe. Auf der ersten Seite des siebten Kapitels im Buch *Die Wissenschaft des Reichwerdens* schreibt Wallace Wattles: „Der gesamte Vorgang der mentalen Anpassung und Einstimmung lässt sich in einem Wort zusammenfassen: Dankbarkeit."

Eine Schreibübung

Immer wenn dich etwas bedrückt oder stört, solltest

du dich an einem ruhigen Ort hinsetzen. Nimm Stift und Papier zur Hand und frage dich: „Wofür kann ich dankbar sein?" Betrachte dies nicht als Verstandesübung, bei der du nur irgendetwas aufschreibst. Wofür bist du dankbar? Halte alles schriftlich fest.

Sandy Gallagher und ich hielten einmal ein Seminar in Phoenix, Arizona. Ich hatte meinen Seminarteil beendet und wollte die Stadt verlassen; da bat mich Sandy , mich mit ihr über einige persönliche Herausforderungen zu unterhalten.

Natürlich willigte ich ein. „Komm", meinte ich, „lass uns rüber auf die andere Straßenseite gehen, da ist ein Coffeeshop."

Im Coffeeshop nahm ich eine Serviette aus dem Ständer. „Als ersten Schritt", sagte ich zu ihr, „schreibst du 10 Dinge auf, für die du dankbar bist. Dann denkst du an 3 Leute, die dich ärgern und schickst ihnen Liebe. Und drittens entspannst du dich 5 Minuten lang, meditierst und bittest um gute Energie für den Rest des Tages."

Ich rief Gina an, die seit über 30 Jahren mit mir zusammenarbeitet – sie ist eine unglaublich gute Assistentin – und bat sie: „Gina, kannst du einen Schreibblock bedrucken lassen?" Nach einer Stunde war sie zurück. Auf jedem Blatt stand oben „Dankbarkeit", unten stand

„Sandy Gallagher“ und dazwischen waren 10 nummerierte Zeilen. Dort sollte Sandy ihre 10 Dinge eintragen, für die sie dankbar war. Und dann stand da noch: „Sende Liebe an 3 Menschen, die dich ärgern“ und „Entspanne dich 5 Minuten lang und bitte um Führung für den Tag“.

Gina hatte gleich 3 dieser Schreibblöcke mitgebracht. Sandy wollte am Tag danach mit ihrer Mutter und ihrer Schwester nach Hawaii fliegen und hatte die Idee, beiden einen solchen Dankbarkeitsblock zu schenken. Am ersten Morgen erklärten ihre Mutter und ihre Schwester sie für verrückt. Sie begannen mit der Übung, um Sandy einen Gefallen zu tun und schon bald verliebten sie sich in die Idee. Sie machten diese Übung jeden Morgen und wahrscheinlich machen sie diese heute noch.

Mit einer dankbaren Einstellung verbindest du dich mit deiner Versorgungsquelle. Sende Liebe an alle Menschen, die dich so sehr ärgern, dass du ihnen sogar einen Autounfall an den Hals wünschst. Bedenke: Wenn mich jemand verletzt hat und ich dieser Person schlechte Gedanken sende, wer ist dann in einer negativen Schwingung? Die Energie kann nur zu mir und durch mich fließen. Der Trick besteht darin, den Energiefluss zu lenken. Die Energie fließt zu dir und durch dich. Du musst den Menschen, die dich nerven, Liebe senden; dadurch begibst du dich in eine liebevolle

Schwingung. Das bringt dir einen enormen Nutzen. Liebe alle Menschen.

Entspanne dich anschließend und bitte um Führung für den Tag. Ich mache das jeden Morgen.

Einige der Erfahrungen, die Sandy mit dieser Übung sowohl im geschäftlichen als auch im persönlichen Bereich gemacht hat, sind einfach nur verblüffend. Sie hat ihr Leben verändert. Einmal hatte sie Schwierigkeiten mit mehreren Leuten und die Sache drohte, vor Gericht zu landen. Sie visualisierte, dass sich die Angelegenheit zum besten Wohl aller Beteiligten lösen würde; sie bedankte sich bei diesen Menschen und schickte ihnen Liebe. In weniger als einer Woche war das Problem gelöst, mit dem sie monatelang gekämpft hatte.

Dankbarkeit ist eine der nützlichsten Ideen, die du jemals kennenlernen wirst. Versprich dir selbst, diese Dankbarkeitsübung jeden Tag vor dem Schlafengehen durchzuführen. Das Gefühl der Dankbarkeit ist eine unglaublich positive Schwingung und sie verbindet dich mit deiner Versorgungsquelle.

Schwinge dich auf die Frequenz der Liebe ein

Begibst du dich auf die Schwingung der Liebe, kannst du nichts als Liebe anziehen. Du kannst nur das anziehen, womit du dich in Harmonie befindest. Alles dreht sich um die induktive Resonanz. Wir haben es hier mit Elektronik zu tun: Dein Körper ist ein elektronisches Instrument, eine Masse von Molekülen mit einer sehr hohen Schwingungsrate.

Die Praxis dieser Übung versetzt dich in eine unglaublich positive Schwingung und du beginnst, Gutes für dein Leben anzuziehen. Es werden Dinge geschehen, die du nie vermutet hättest. Deine Wahrnehmung wird sich verändern und du wirst niemandem gegenüber mehr schlechte Gefühle hegen. Du hörst auf zu reagieren. Beginnst du mit dem Bitten um Führung, wirst du erstaunt sein, wie schnell und wie schön sie erscheint – und sie kommt fortdauernd. Das kannst du zu jeder Zeit des Tages tun: Bist du ein wenig bedrückt, halte kurz inne, beruhige dich und bitte um Führung. Diese wird stets erscheinen. Bitte, und du wirst empfangen.

Zusätzlich kannst du ein Dankbarkeitstagebuch führen. Es ist von unschätzbarem Wert. Ich finde, morgens ist die beste Zeit, um eine dankbare Haltung anzunehmen. Mache es dir zur Gewohnheit: notiere 10

Dinge, für die du dankbar bist; sende allen Menschen Liebe, die dich ärgern; und bitte um Führung für den Tag.

Das kannst du auch im weiteren Verlauf des Tages tun. Wenn ein Problem auftaucht, trägst du es in dein Tagebuch ein. Nutze dein Dankbarkeitstagebuch aber nicht für gewöhnliche Notizen, sondern nur für das, wofür es gedacht ist. Bist du ein wenig betrübt, fühlst du dich überfordert oder bist du dir sicher, dass du auf die Ereignisse des Tages bloß noch reagierst, solltest du dein Dankbarkeitstagebuch hervorholen.

Es ist, wie es Wallace Wattles beschrieb: Dankbarkeit ist „der gesamte Vorgang der mentalen Anpassung". Wenn du ein Problem hast, brauchst du eine mentale Anpassung, denn alle Probleme haben ihren Ursprung in deinem Geist. Einer meiner Mentoren meinte mal zu mir: „Du bist das einzige Problem, das du je haben wirst, Bob, und du bist die einzige Lösung." Und damit hatte er Recht. Du bist das einzige Problem, das du je haben wirst und du bist die einzige Lösung. Hast du das begriffen, erkennst du, wie wertvoll es für dich ist, dich jeden Tag ruhig hinzusetzen und Dankbarkeit zu empfinden, sobald das kleinste Problem auftaucht. Dankbar zu sein ist eine fantastische Geisteshaltung, die dein Leben verändern wird.

Gehe einfach weg

Eine weitere sehr kraftvolle Idee für die Änderung deines Paradigmas hat mit Freiheit zu tun. Wollen Menschen etwas in ihrem Leben verändern, spüren sie sehr häufig den Drang nach Freiheit. In unseren Seminaren sagt meine Geschäftspartnerin Sandy Gallagher manchmal: „Sie müssen so viel Selbstrespekt haben, dass Sie sich von allem trennen, das Ihnen nicht länger von Nutzen ist, das Sie nicht wachsen lässt oder das Sie nicht glücklich macht."

Nur wir selbst können uns Freiheit schenken. Es ist, wie Bill Gove sagte: „Wenn ich frei sein will, muss ich ich selbst sein. Nicht das Ich, das Sie in mir sehen und nicht das Ich, das meine Frau in mir sieht und auch nicht das Ich, das meine Kinder in mir sehen. Wenn ich frei sein will, muss ich ich selbst sein. Und ich muss wissen, wer dieses *Ich* ist."

Damit kommen wir darauf zurück, uns selbst zu studieren: Wir wollen verstehen, was Denken bedeutet, wie unser Geist funktioniert, wie sich Bewusstsein und Unterbewusstsein zueinander verhalten und welche Rolle unsere Sinne sowie unsere höheren Fähigkeiten spielen. Wenn wir dies alles verstehen, können wir, so denke ich, ein größeres Maß an Freiheit erlangen.

Heute genieße ich eine Freiheit, die weit entfernt ist von jener Situation, in der ich mich bei meiner ersten Begegnung mit *Denke nach und werde reich* befand. Damals im Jahr 1961 war ich 26 Jahre alt. Noch nie in meinem Leben hatte ich ein Buch gelesen. Ich schaute mir das Buch an und fand, dass es ziemlich dick war. Heute habe ich großartige Bibliotheken, sowohl in meinem Zuhause als auch in meinem Studio. Ich liebe Bücher. Ich liebe es, zu lesen. Und ich glaube, je mehr man liest, desto freier wird man.

Unsere Freiheit erwächst aus unserem Verständnis für uns selbst und aus unserer Beziehung zu Gott. Ein mangelndes Verständnis erschafft ein Gefängnis für unser Selbst. Manche Menschen leben in einem selbst gemachten Gefängnis. In seinem Theaterstück *Das Geheimnis der Freiheit* lässt Archibald MacLeish einen seiner Charaktere sagen: „Das Einzige, was den Menschen ausmacht, ist sein Geist. Alles andere findet man auch in einem Schwein oder Pferd." Je mehr wir studieren, umso freier werden wir. Je bewusster wir werden, umso mehr Freiheit haben wir.

Finanzielle Freiheit

Ich meine, jeder sollte das Ziel haben, finanzielle Freiheit zu erlangen. Du wirst erstaunt sein, wie viel freie Zeit du hast, wenn du nicht mehr über Geld nachdenken musst. Musst du dir überlegen, wie du deine Hypothekenraten bezahlen sollst, bist du nicht frei; du befindest dich in einem von dir selbst erschaffenen Gefängnis. Ein jeder kann innerhalb relativ kurzer Zeit zu finanzieller Freiheit gelangen. Hierfür müssen wir uns ein neues Paradigma zulegen. Wir müssen uns an jemanden wenden, der weiß, wie man finanzielle Freiheit erreicht. Und dann müssen wir genau das tun, was diese Person uns empfiehlt. Ich habe mir dies schon vor langer Zeit zur Gewohnheit gemacht und es funktioniert ausgezeichnet. Dies ist der einzige Weg, um jemals Freiheit zu erfahren.

Folgendes Zitat verwenden Sandy und ich immer wieder in unseren Seminaren: „Schälen Sie die Maske der Illusion ab, lösen Sie die Ketten der Erwartung, lassen Sie die tief verwurzelten erlernten Muster los, geben Sie die Geschichten aus der Vergangenheit auf und lösen Sie sich von der Angst. Es ist nie zu spät, der Mensch zu sein, der Sie wirklich sind."

Werden die Teilnehmer zum ersten Mal mit diesen Ideen konfrontiert, hören sie vielleicht eine kleine Stimme, die sagt: „Aber, Bob, ich muss mich um andere kümmern – mein Lebenspartner, meine Kinder, meine Mitarbeiter und alle erwarten etwas von mir. Wie soll ich diese Ketten so einfach lösen? Wie soll ich die in mir verwurzelten Muster loslassen, die mir seit 20 Jahren aufgeprägt wurden? Ich hatte eine heftige Kindheit. Jahrelang haben mir meine Lehrer erzählt, dass ich nicht besonders intelligent bin und nie etwas aus mir werden kann. Wie soll ich das alles bloß loslassen?"

Ich glaube nicht, dass dieser Prozess über Nacht geschieht. Dies ist eher ein langfristiges Ziel, auf das ein jeder hinarbeiten kann. Ich denke, ich habe getan, was das Zitat einfordert; aber es war nicht leicht. Genau darum geht es bei der Veränderung eines Paradigmas. Wir tragen so viele falsche Überzeugungen in uns und erlauben ihnen, uns anzuketten.

In seinem großartigen Buch *Von mystischer Weisheit zu kosmischer Kraft* schreibt Vernon Howard: „Du kannst nur dann aus einem Gefängnis entkommen, wenn du weißt, dass du dich in einem befindest." Die meisten Menschen sitzen in einem selbst geschaffenen Gefängnis, ohne es jedoch zu wissen. Bei einer Analyse dieses Zitats stellen wir fest, dass ein bestimmter Anteil unseres Lebens falsch ist und absolut nichts mit der Wahrheit zu tun hat. Davon müssen wir uns lösen.

Die meisten fühlen sich für andere Menschen verantwortlich, aber in Wahrheit tragen sie für niemanden die Verantwortung. Wir sind für unsere Kinder verantwortlich, bis sie ein gewisses Alter erreicht haben. Danach haben wir nur noch eine Verantwortung ihnen gegenüber, aber nicht mehr *für* sie. Es besteht ein gewaltiger Unterschied, ob man gegenüber jemandem oder *für* jemanden verantwortlich ist. Viele Eltern machen sich das aufgrund des Verantwortungsgefühls für ihre Kinder das Leben schwer, obwohl diese bereits 35 oder 40 Jahre alt sind. Diese Eltern haben überhaupt keine Verantwortung für ihre Kinder. Früher einmal hatten sie die Verantwortung, aber diese Zeit ist schon lange vorbei.

Letztendlich ist Freiheit eine sehr persönliche Angelegenheit. Wir sollten nicht versuchen, unsere Gedanken anderen aufzudrängen. Earl Nightingale sagt in seinem Trainingsprogramm: „Ich will nicht versuchen, Ihnen zu sagen, wie Sie Ihr Leben zu führen haben." Stattdessen macht er großartige Vorschläge und wenn man sie befolgt, wird man ein sehr gutes Leben führen. Fast mein ganzes Erwachsenenleben lang habe ich seine Empfehlungen befolgt, so gut es mir möglich war und ist. Heute genieße ich einen Grad an Freiheit, den ich zum Beginn meines Studierens für unmöglich hielt. Und es wird immer besser.

Wir sind frei geboren und irgendwie auch nicht. Wir wurden mit all den Werkzeugen zur Gestaltung unserer

Freiheit geboren, aber wir haben auch viele falsche Paradigmen und Glaubenssätze geerbt. Diese wurden vor vielen, vielen Monden von jemand anderem erschaffen. Nun liegt es an uns, diese falschen Glaubenssätze aufzuspüren und loszuwerden. Das ist der eigentliche Trick im Leben. Dies tue ich seit vielen Jahren. Und ich werde es auch den Rest meines Lebens damit verbringen.

Kapitel 8

Der Nutzen des Paradigmenwechsels

In diesem Kapitel werfe ich einen Blick auf die Auswirkungen, die eine Veränderung deines Paradigmas nach sich zieht.

Veränderung deiner Wahrnehmung

Der erste Punkt ist deine Wahrnehmung. Du setzt die Veränderung deines Paradigmas in Gang, indem du deine Wahrnehmung revidierst. Nehmen wir deine Fähigkeit zum Geldverdienen. Heute kann ich völlig problemlos in einer Stunde mehr Geld verdienen, als ich in einem ganzen Jahr verdiente, bevor ich *Denke nach und werde reich* zum ersten Mal las. Auch damals besaß ich diese Fähigkeit und trug in mir alles Talent, aber ich war mir dessen nicht bewusst. Die eigene Wahrnehmung meines Lebens hielt mich dort gefangen, wo ich war. Ich dachte, das wäre für mich normal. Doch das war absolut nicht normal. Aber ich nahm es hin; denn ich dachte, dass ich es sowieso nicht ändern kann.

Ich änderte mein Glaubenssystem, aber ein Wandel der Wahrnehmung musste dieser Änderung vorausgehen. Du kannst deine Wahrnehmung ändern, einfach indem du die Augen schließt. Die Wahrnehmung ist eine mentale Fähigkeit, mit deren Hilfe du deine Betrachtungsweise ändern kannst. Sie versetzt dich in die Lage, dir bewusst zu werden, über wie viele unerkannte Kräfte und Potenziale du verfügst.

Die Wahrnehmung ist ein Werkzeug des Geistes. Sie ist so wichtig für den Geist, wie es das Sehen und Hören für den Körper ist. Unsere physischen Sinne befähigen uns zur Kommunikation mit der materiellen Welt. Unsere höheren Fähigkeiten ermöglichen uns, mit der unsichtbaren Welt zu kommunizieren; mit der Welt, die wir noch nie zu Gesicht bekommen haben und der wir uns nicht einmal gewahr sind.

Mit unseren schöpferischen Fähigkeiten können wir

die Welt nach unseren Wünschen gestalten. Als Erstes musst du das Gewünschte in deiner Vorstellung sehen. Du musst beginnen, die Dinge auf andere Art und Weise zu betrachten. Nimmst du dich selbst und deine Fähigkeiten anders wahr, beginnt die Welt, sich völlig anders für dich zu drehen.

Die Zeit beherrschen

Dein Umgang mit der Zeit ist ein weiterer Lebensbereich, der sich aufgrund deiner Paradigmaveränderung wandeln wird. Jeder von uns erhält genau dieselbe Menge an Zeit. Der Unterschied besteht nur darin, wie wir damit umgehen. Aus einer Perspektive des Dienens leiste ich heute mehr an einem Tag als früher in einem ganzen Jahr, bevor ich diese Themen kennenlernte.

Nehmen wir mal an, eine im Vertrieb tätige Person führt jeden Tag ein zusätzliches Verkaufsgespräch. Sie nimmt sich vor, an 5 Tagen in der Woche einen Interessenten mehr zu treffen. Und nehmen wir weiter an, dass sie nicht besonders gut im Verkauf ist und ihr nur bei einem von 5 Gesprächen ein Abschluss gelingt. Das bedeutet, sie macht pro Jahr 50 Abschlüsse, die ihr sonst entgangen wären. Sagen wir, sie verdient 100 Dollar an einem Abschluss; das macht jährlich 5.000 Dollar als

Zusatzeinkommen.

Earl Nightingale erledigte in kurzer Zeit mehr als sonst irgendjemand, der mir je begegnet ist. Und dabei erlebte ich ihn nie in Eile. 5 Jahre arbeitete ich mit ihm zusammen und beobachtete ihn dabei genau. Er brachte in kürzester Zeit mehr zustande als sonst jemand, den ich kannte.

Einmal war ich mit Earl bei einer Veranstaltung im Stadtzentrum von Chicago. Bisher hatte ich mich nie mit ihm allein unterhalten können und so ergriff ich die Gelegenheit. Bei unserem gemeinsamen Frühstück vor Beginn des Events fragte ich ihn: „Earl, wie haben Sie es gelernt, das Zeitmanagement zu beherrschen?"

Er sah mich an und meinte: „Wovon zum Teufel reden Sie da? Ich beherrsche nicht das Zeitmanagement, niemand kann das. Man kann die Zeit nicht managen. Ich manage bloß meine Aktivitäten." Er zog eine Karte aus der Tasche und fuhr fort: „Ich schreibe mir jeden Abend auf, was ich am nächsten Tag erledigen will. Am nächsten Tag wache ich auf und führe das aus, was ich beschlossen habe."

Eines meiner Seminarprogramme trägt den Titel „Gefühl der Dringlichkeit". Ich erkenne dieses Gefühl der Dringlichkeit in einem Menschen, der in kurzer Zeit und auf eine ruhige, selbstbewusste Art viel zustande bringt. Ohne dieses Gefühl der Dringlichkeit sorgt ein Mensch, der viel zu tun hat, wahrscheinlich nur bei allen für Verwirrung und Panik, mit denen er in Kontakt kommt. Mit einem Gefühl der Dringlichkeit kannst du in kurzer Zeit und auf eine ruhige, selbstbewusste Weise viel leisten.

Vieles von dem, was wir tun, ist absolut unnötig; hier kannst du schon sehr viel Zeit sparen. Manches, was wir meinen tun zu müssen, erledigt sich durch Liegenlassen von selbst. Darum brauchen wir uns überhaupt nicht zu kümmern.

Du kannst vieles delegieren. Einmal war meine Frau völlig überwältigt von der Riesenmenge an Arbeit auf ihrem Schreibtisch. Sie bat mich, ihr zu helfen.

„Okay", sagte ich, „aber du musst tun, was ich dir sage."

„Einverstanden", meinte sie.

Auf ihrem Schreibtisch waren alle möglichen Schriftstücke aufgehäuft. Ich nahm jedes davon in die Hand und fragte: „Was ist das? Muss das erledigt werden?"

Sie bejahte.

„Und musst du das erledigen?"

„Eigentlich nicht, darum könnte sich meine Assistentin Helen kümmern."

Am Ende blieb nicht mehr viel, was meine Frau erledigen musste; dafür hatte Helen umso mehr Aufgaben. Meine Frau fragte, wie Helen das bloß alles schaffen soll.

„Das ist Helens Problem, nicht deins", gab ich zurück, „wenn Helen nicht alles allein schafft, muss sie sich Hilfe suchen. Aber darum muss sie sich selber kümmern, das ist nicht deine Aufgabe. Wenn du eine weitere Assistentin einstellst, wird sie für dich arbeiten und nicht für Helen."

An diesem Tag hat meine Frau viel gelernt. Dadurch wurde sie sehr viel produktiver. Sie hatte gelernt, dass vieles von dem, was sie bisher selbst erledigt hatte, gar nicht nötig war.

Nutze deine Kreativität

Der dritte Lebensbereich, der von einem Paradigmenwechsel profitiert, ist deine Kreativität. Hier kann ich mich selbst als recht gutes Beispiel anführen. Am Ende der achten Klasse fragte mich mein Lehrer: „Bob, auf welche Highschool willst du gehen?"

„Ich will aufs Malvern Collegiate."

„Ach Bob, lass das bleiben. Eine Handelsschule ist nicht das Richtige für dich. Geh' lieber auf die Danforth

Tech und lern‘ ein Handwerk.“

Was wusste ich schon? Mein Lehrer war für mich wie ein Gott, also ging ich auf die Handwerksschule. Ich blieb dort genau einen Monat lang, bis ich mit dem Daumen in eine Bandsäge geriet und mir die Kuppe abtrennte. Sie wurde wieder angenäht. Noch heute, viele Jahre später, spüre ich bei Kälte Schmerzen im Daumen.

Ich bin sehr kreativ. Ich konzipiere alle Arten von wundervollen Programmen und habe einige Bücher verfasst. Ich arbeite sehr stark mit der rechten Gehirnhälfte. Menschen mit einer dominanten rechten Hirnhälfte sind sehr kreativ.

Mein Lehrer wusste das nicht und die Menschen, bei denen ich aufwuchs, wussten es ebenso wenig.

Manchen Menschen scheint das Kreative mehr zu liegen als anderen, aber keiner ist kreativer als ein anderer. Wir alle sind kreativ; es gibt nur manche, die ihre kreativen Fähigkeiten intensiver nutzen. Wir alle sind ein wahrer Ausdruck Gottes. Unsere höheren, schöpferischen Fähigkeiten sind Wahrnehmung, Wille, Verstand, Vorstellungskraft und Gedächtnis. Wir müssen lernen, wozu diese da sind und wie man diese einsetzt; dann werden wir sehr kreativ. Es gibt immer einen besseren Weg, etwas zu tun. Und wenn wir danach Ausschau halten, finden wir ihn.

Eine meiner Mitarbeiterinnen meinte mal zu mir, sie hätte noch nie jemanden wie mich kennengelernt. Sie sagte: „Du hast dich öfter neu erfunden als Madonna." Ich erfinde mich ständig neu. Aber ich betrachte es als das Finden von Wegen, wie ich den Menschen noch besser deutlich machen kann, was alles für sie spricht.

Es gibt eine klare, unverfälschte Kraft, die zu uns fließt und uns durchströmt. Man kann sie beim Austreten aus dem Körper fotografieren. Der russische Fotograf Semyon Kirlian perfektionierte diese Technik im Jahr 1934. Beim Einströmen in unser Bewusstsein ist diese Kraft formlos. Wir geben ihr eine Form. Damit fängt alles Kreative und Schöpferische an. In Wahrheit wird nichts erschaffen oder zerstört. Wir nehmen einfach nur eine Energieform und bringen sie dazu, eine andere Form anzunehmen; das könnte niemals geschehen, wenn wir nicht da wären, um sie umzuwandeln. Wir haben im Leben eine sehr wichtige Rolle zu spielen.

Produktivität und Effizienz

Der vierte Lebensbereich, den unser Paradigma beeinflusst, betrifft unsere Produktivität und Effizienz. Die beiden sind wie die Henne und das Ei: Das eine beeinflusst das andere. Werden wir bei dem effizienter, was wir tun, verbessert sich automatisch unsere Produktivität.

Wir können sehr viel produktiver werden. Wir müssen nur nach besseren Wegen für das suchen, was wir tun. Für mich scheint das Jahr 1980 gar nicht so weit entfernt. Damals kam gerade das Faxgerät auf, das heute antiquiert wirkt. Ich kann mit meinem Smartphone ein Foto machen und es sofort an dich senden. Auch das ist eine Form der Produktivität: Wir nutzen unsere kreativen Fähigkeiten auf effizientere Art und Weise. Es geht darum herauszufinden, wie wir das, was wir tun, noch besser machen können – schneller, kostengünstiger und arbeitssparender.

Ich bin der Meinung, dass man etwas falsch macht, wenn man sich abkämpfen muss. Wenn du im Einklang mit den Gesetzen vorgehst, wird alles für dich frei fließen. Wir besitzen die mentalen Fähigkeiten, um diese kreativen Energien in alle von uns gewünschten Zustände und Formen fließen zu lassen. In uns liegen unglaublich machtvolle Kräfte versteckt, mit denen wir nicht wirklich vertraut sind. Manche Menschen sind sich ihrer absolut nicht bewusst.

Unabhängig davon, wie sehr du dich momentan abmühst oder wie schwierig gerade alles für dich ist, kannst du sehr viel effizienter werden. Dafür erhältst du auch die Belohnung.

Logisch oder unlogisch?

Der fünfte Bereich, auf den sich ein Paradigmenwandel auswirkt, ist der Gebrauch unserer Logik. Die Logik beruft sich auf Vergangenes: „So haben wir das schon immer gemacht; das ist das Limit unserer Leistungsfähigkeit." Sagt mir jemand, etwas wäre nicht logisch, inspiriert mich das wahrscheinlich, mich aufzumachen und es zu tun.

Mich interessiert nicht, ob etwas logisch oder unlogisch ist. Die Frage ist, willst du es? Willst du es tun? Willst du, dass es geschieht? Dann vergiss die Logik und tue es einfach. Es gibt eine Geschichte über Thomas Edison. Als er in der dritten Klasse war, kam er einmal mit einem versiegelten Briefumschlag nach Hause zu seiner Mutter. Darin stand: „Schicken Sie Ihren Sohn bitte nicht mehr zur Schule. Ihm fehlen die nötigen Voraussetzungen, um am Unterricht teilzunehmen." Seine Mutter legte den Brief zurück in den Umschlag und sagte ihrem Sohn, dass er nicht mehr in die Schule zu gehen brauche; er wüsste schon alles, was man ihm dort beibringen will. Und sie begann, ihn zu Hause zu unterrichten.

Wir müssen einen besseren Weg für alles finden. Wir dürfen nicht zulassen, dass uns irgendetwas ausbremst.

Können wir uns unser Ziel bildlich vorstellen, können wir es auch erreichen. Kannst du es in deinem Kopf sehen, kannst du es in den Händen halten. Dann musst du das Bild bearbeiten, um ihm eine Form zu geben. Es genügt nicht, dein Ziel vor deinem geistigen Auge zu sehen; auch wenn dies ein Hinweis ist, dass du es erreichen kannst.

Ändere dein Geldparadigma

Der sechste wichtige Lebensbereich, auf den sich ein Paradigmenwechsel auswirkt, hat mit Geld zu tun. Dein Paradigma kann Grenzen dafür festlegen, wie viel du verdienen kannst. Indem du dieses Paradigma veränderst, kannst du diese Grenzen radikal verschieben. Dein Paradigma wird dich nicht daran hindern, weniger zu verdienen; aber es wird dich sehr wohl davon abhalten, mehr zu verdienen.

Geld verdient man nicht durch Arbeit, sondern durch das Erbringen einer Dienstleistung. Je kreativer du bist, umso besser kannst du deinen Mitmenschen dienen. Ich verdiene Geld rund um die Uhr, obwohl ich einen guten Teil des Tages verschlafe; und das kann jeder. Wir bringen den Menschen bei, wie das geht. Wir zeigen ihnen, wie sie sich multiple Einkommensquellen erschließen können.

Es gibt keine Begrenzung für dein Einkommen, auch wenn das manche meinen. Gleich zu Beginn frage ich jeden neuen Klienten, mit dem ich arbeite, was sein bisher höchstes Jahreseinkommen war. Mir ist es egal, was er antwortet; aber so erfahre ich etwas über sein Paradigma. Geld ist ein guter Gradmesser für Paradigmen, weil es sich auf den Cent genau zählen lässt. Mit der Gesundheit geht das nicht. Du kannst zu einem Arzt gehen und dir von ihm sagen lassen, dass du bei perfekter Gesundheit bist und sobald du seine Praxis verlässt, fällst du tot um. Das ist schon mehrfach passiert.

In meinen Seminaren bringe ich den Leuten bei, wie man Geld verdient. Ein Verlagshaus bezeichnete mich mal als Amerikas größten Reichtumslehrer, weil ich mich wirklich darauf fokussiere. Ich lege meinen Fokus darauf, weil ich denke, dass Geld einen gewaltigen Einfluss auf das Leben der Menschen hat. Mit Geld kannst du sehr viel Gutes tun, was dir ohne Geld nicht möglich wäre.

Geld macht keinen besseren Menschen aus dir; aber es macht dich mehr zu dem, was du bereits bist. Bist du kein netter Mensch, wirst du mit Geld abscheulich. Aber bist du freundlich, macht dich Geld noch freundlicher. Geld wirkt als Verstärker. Es gibt kein Limit für dein Einkommen. Aber um es zu verdienen, musst du deinen Mitmenschen dienen. Das heißt nicht, dass du dafür arbeiten musst; du musst ihnen nur einen Dienst erweisen.

Wie viele Millionen verdient die Sängerin Taylor Swift pro Jahr? Dabei arbeitet sie nicht wirklich hart, obwohl sie wahrscheinlich von Zeit zu Zeit eine große Menge Energie in ihre Musik steckt. Jedes Mal, wenn irgendwo ihre Musik läuft, bekommt sie dafür etwas Geld; und Millionen von Menschen hören sich gern ihre Songs an. Sie unterhält die Menschen und ihr steht eine Belohnung dafür zu, die sie auch bekommt.

Geld ist eine Belohnung für geleistete Dienste. Dein Einkommen steht im direkten Verhältnis zum Bedarf an deiner Tätigkeit, zu deiner Fähigkeit, diese auszuüben und zu der Schwierigkeit, dich zu ersetzen.

Vor vielen Jahren fragte ich einmal meinen Arbeitgeber, was ich zu tun hätte, um mehr zu verdienen.

„Wollen Sie mehr Gehalt?“, fragte er mich.

„Nein, ich will keine Gehaltserhöhung“, erwiderte ich, „ich will nur wissen, was ich tun muss, um mehr zu verdienen.“

„Und wie viel wollen Sie verdienen?“

Ich glaube, das war damals in den 1970er-Jahren. Ich

sagte: „Keine Ahnung, so um die 100.000 Dollar."

„Sie können keine 100.000 verdienen."

„Warum nicht?"

„Ich sagte, das können Sie nicht. Mehr gibt es dazu nicht zu sagen."

Da wusste ich, dass ich nach 10 Jahren diesen Job bald aufgeben würde; denn jemand anderer bestimmte darüber, wie viel ich verdienen konnte.

Du darfst niemals zulassen, dass jemand anderer über dein Einkommen bestimmt. Das musst du selbst entscheiden. Wenn du die Entscheidung einem anderen überlässt und dich damit nicht wohlfühlst, dann weißt du, was du zu tun hast: Du musst von dort weggehen und dich auf eigene Beine stellen.

Unternehmer zu sein ist eine unglaubliche Erfahrung. Ich persönlich bin überzeugt, dass das Network-Marketing eine der großartigsten Ideen ist, die es je gegeben hat. Ich bin nicht im Network-Marketing tätig. Ich bin schon viel zu sehr gereift, um noch in einem anderen Bereich zu arbeiten. Aber dort kannst du dir automatisch multiple Einkommensquellen erschließen. In der Geschichte hatten die Wohlhabenden immer multiple Einkommensquellen.

Deine Fähigkeit zum Geldverdienen hat definitiv mit deinem Paradigma zu tun. Bei meiner Arbeit mit

Menschen gehört das immer mit zum ersten, das ich verändere. Ich versuche immer, unsere Vertriebsleute anzuregen, sich höhere Einkommensziele zu setzen; und das tun sie auch. Manche verdienen über eine Million Dollar im Jahr. Einer von ihnen könnte sich dieses Jahr sogar auf 4 oder 5 Millionen steigern.

Es gibt keine Grenze für unsere Verdienstmöglichkeiten und das müssen wir alle verstehen. Wir müssen die Gesetzmäßigkeiten für das Geldverdienen verstehen. Dann müssen wir uns aufmachen und es tun. In unserem Unternehmen gibt es einen neuen Geschäftsbereich: MSI Connect. MSI steht für *Multiple Sources of Income* (multiple Einkommensquellen). Du kannst dich dort mit anderen verbinden, die sich ebenfalls multiple Verdienstquellen aufbauen. Tausende von Menschen aus der ganzen Welt sind an MSI Connect beteiligt. Sie arbeiten zusammen und unterstützen sich gegenseitig. Das ist ein großartiger Weg, um Geld zu verdienen. Sie können dort etwas verkaufen und jemand anderer kann es erwerben. Es ist ein großer Marktplatz, auf dem sehr viele Menschen aktiv sind.

Der Verkauf ist der weltweit bestbezahlte Beruf. Ein Verkäufer auf Provisionsbasis ist der bestbezahlte Mensch auf der Welt. Niemand kann so viel Geld verdienen wie ein Verkäufer, nicht einmal annähernd so viel.

Wir müssen erkennen, dass alles, was wir uns jemals wünschen können, bereits hier ist. Wir brauchen nur damit in Harmonie zu kommen. Denken wir an einen Wunsch in dem Bewusstsein, dass wir es noch nicht haben, befinden wir uns damit nicht in Harmonie. Damit stellt sich die Frage, wie wir diese Harmonie erreichen können. Wie kann ich meinen eigenen Bewusstseinslevel erhöhen? Der einzige Weg geht über das Studieren. Das kann ich nicht für dich tun und du nicht für mich. Ich kann es nicht für meine Kinder tun und du kannst es nicht für deine. Du kannst es nicht für deinen Lebenspartner tun und er kann es nicht für dich.

Wir können es nur für uns selbst tun. Aber wir müssen uns darauf einlassen und verstehen, dass alles möglich ist. Das ist keine nette religiöse Aussage, das ist eine Tatsache. Ich halte mich für ein ausgezeichnetes Beispiel: Wenn ich Erfolg habe, dann kann es jeder. Die Wahrscheinlichkeit hierfür war lächerlich gering, aber es geschah und zwar aus gutem Grund: Ich las gute Bücher, hörte mir gute Audioprogramme an und hatte exzellente Persönlichkeiten als Mentoren. Meine Mentoren habe ich mir selbst ausgesucht. Ich gebe mich mit niemandem ab, der keine Ziele verfolgt und im Leben keine klaren Ambitionen hat. Ich will keine Zeit mit Leuten verbringen, die nur jammern und klagen. Ich halte mich an das Prinzip von Earl Nightingale: Sprich nur über deine Gesundheit, wenn du mit einem Arzt redest. Will mir eine Person etwas von ihren Gesundheitsproblemen erzählen, sage ich ihr, dass ich kein Arzt bin. Daran müssen wir arbeiten, bis wir gut darin sind.

Besorge dir gute Lehrer. Gute Lehrer sind ihr Gewicht in Gold wert. Möchte mich eine Person als ihren Mentor engagieren, kostet sie das eine schöne Stange Geld. Aber sie findet schnell heraus, dass ich dieses viele Geld auch wert bin.

Ich zeige ihr, wie auch sie sehr viel Geld wert sein kann. Jeder Mensch ist sehr viel wert. Aber nicht jeder glaubt daran. Sobald wir es glauben, beginnt sich alles zu verändern; ganz gleich, wo wir im Leben stehen. Unabhängig davon, wie sehr sich ein Mensch abkämpft, er kann das verändern. Er braucht sich nur hinzusetzen und aufzuschreiben, was er will. Es ist mir gleich, ob du meinst, es schaffen zu können oder nicht. Mein erstes gestecktes Ziel waren 25.000 Dollar. Ich glaubte absolut nicht daran, dass ich so viel haben könnte. Aber als ich dieses Ziel immer wieder laut aussprach, merkte ich, dass ich allmählich daran glaubte. Wenn du eine Lüge immer wieder aussprichst, glaubst du sie bald. Ich erreichte die 25.000 Dollar so schnell, dass es mich ganz schwindlig machte.

Jeder, der sich etwas wünscht, das er noch nicht hat, sollte seinen Wunsch schriftlich in der Gegenwartsform festhalten. Es spielt keine Rolle, ob ihm das dumm vorkommt. Er sollte sich sein Ziel immer und immer wieder laut vorlesen. Schon bald wird etwas geschehen; zuerst in seinem Geist, dann in der Außenwelt – von innen nach außen.

Kapitel 9

Mache dein positives Paradigma zueiner lebenslangen Gewohnheit

In diesem letzten Kapitel führe ich alles zusammen, worüber wir gesprochen haben. Damit zeige ich dir auf, wie du diese Ideen zu deinem gewohnten Lebensstil machen kannst.

Ignoranz oder Wissen

Es existieren zwei Wege im Leben. Der erste ist der Weg der Ignoranz. Dieser führt unweigerlich zu Zweifel, Sorge, Angst, Beklemmung, Niedergeschlagenheit und letztendlich zu Krankheit und Zerfall.

Ignoranz bedeutet einfach nur Nichtwissen, wo doch das Wissen allgegenwärtig ist. Es gibt keinen Grund, warum ein Mensch in der Unwissenheit verharren sollte. Leider tut unser Bildungssystem nur sehr wenig, um die Themen zu lehren, über die wir hier sprechen. In der Schule bringt man uns nicht bei, wie wir die Kontrolle über unseren Geist erlangen können. Man zeigt uns dort nicht, wie man überlegt handelt statt unbedacht reagiert. Die Schule lehrt uns nicht, wie man in einer positiven Schwingung bleibt oder was es mit den universellen Gesetzmäßigkeiten auf sich hat. Und wir lernen dort auch nichts über Paradigmen.

Da man uns in der Schule nichts davon beibringt, müssen wir alles selbst herausfinden. Heute gibt es sehr viele Informationen rund um diese Themen. In fast jedem Land tauchen Selbsthilfebücher in den Bestsellerlisten auf. Wir müssen beginnen, mehr zu verstehen: über uns selbst, über die Geschehnisse um uns herum und wie diese uns dazu bringen, zu reagieren oder überlegt zu handeln. Wenn die Ideen anderer Menschen unseren Geist erreichen, sind wir in der Lage, sie anzunehmen oder abzuweisen. Wir besitzen dieselbe Fähigkeit in Bezug auf Ideen, die von uns selbst stammen. Eine negative Idee von mir mag zutreffend sein; das ist aber noch lange kein Grund, mich damit zu beschäftigen.

Alles hat eine negative Seite. Manche Menschen wollen lieber recht haben, als reich zu sein. Das sage ich oft und es ist wahr.

Wenn wir auf der bewussten Ebene mit Unwissenheit, Zweifel und Sorge beginnen, werden Zweifel und Sorge auf der unbewussten Ebene zu Angst. Die Energie der Angst drückt sich im und durch den Körper aus und führt zu einer Schwingung, die man Beklemmung nennt. Dieses Beklemmungsgefühl wird meist unterdrückt und dieses Unterdrücken führt zu Niedergeschlagenheit. Aus der Niedergeschlagenheit erwächst Krankheit und die Krankheit führt zur Zerstörung.

Das genaue Gegenteil von Ignoranz ist Wissen. Das ist der positive Weg. Dieses Wissen ist vorhanden und der einzige Weg, es zu erlangen, führt über das Studieren. Aber du musst auch wissen, was du studieren sollst. Die Bibliotheken sind voller Wissen, aber im Wissen allein steckt keine Macht. Wenn es so wäre, hätten alle Bibliothekare Millionen auf dem Konto. Die meisten von ihnen haben aber nichts; sie sind pleite. Das Wissen muss organisiert und intelligent gelenkt werden. Seit 50 Jahren organisiere ich mit dem Proctor Gallagher Institute dieses Wissen und lenke es auf intelligente Weise.

Verstehen und Studieren

Das positiv schwingende Gegenteil von Sorge und Zweifel ist das Verstehen. Wir müssen die Gesetzmäßigkeiten verstehen, die unser Dasein bestimmen. Wir müssen uns selbst verstehen. Und wir müssen erkennen, dass eine formlose Energie in unser Bewusstsein fließt, der wir eine Form geben.

Studieren ist die einzige Möglichkeit, uns weiterzuentwickeln. Du musst den Geist und die universellen Gesetzmäßigkeiten studieren. Diejenigen, die das von mir zusammengefasste studieren, werden sehr gut vorankommen. Sie verstehen, dass sie an einem Bild von ihrem Ziel festhalten müssen. Verinnerlichen sie das Bild, entsteht in ihnen eine Emotion, die man Glaube nennt und die das genaue Gegenteil der Angst ist.

Es ist schon merkwürdig: Sowohl mit dem Glauben als auch mit der Angst bist du von etwas Unsichtbarem überzeugt. Wenn du wählen kannst, ist es sicher sinnvoll, dich für den Glauben zu entscheiden. Glaube ist die Fähigkeit, das Unsichtbare zu sehen und vom Unglaublichen überzeugt zu sein. Dies erlaubt es uns, das zu erhalten, was die Massen für unmöglich halten. Du siehst das Unsichtbare. Du siehst es in deinem Bewusstsein mithilfe deiner Vorstellungskraft. Du glaubst an das Unglaubbare. Verinnerlichst du, was du in deiner Vorstellung siehst und reichst du es an dein Unterbewusstsein weiter, wird sich dein den Gesetzen gehorchendes Unterbewusstsein sofort daranmachen, ihm eine Form zu geben. Das bedeutet es, an das Unglaubbare zu glauben. Es muss sich durch den Körper manifestieren.

Unser Weg führt vom Wissen über das Verstehen hin zum Glauben. Der Glaube drückt sich auf der körperlichen Ebene als Wohlbefinden aus, was das das exakte Gegenteil von Beklemmung ist. Der Ausdruck verwandelt sich in Beschleunigung. Du wirst immer schneller, weil du dich jetzt wohlfühlst. Daraus entsteht das Schöpferische. Das genaue Gegenteil davon führt zur Zerstörung.

Deine Gewohnheiten können dich nur in eine von zwei Richtungen führen: zur Verstärkung des Negativen oder zur Bestärkung des Positiven. Eine Gewohnheit ist eine im Unterbewusstsein verankerte Idee. Ein Paradigma sagt: „Studiere nicht.“ Und ein anderes befiehlt dir, zu studieren. Deine Gewohnheiten eignest du dir selbst an. Du bestimmst darüber, ob es gute Gewohnheiten sind.

Wiederholen als Gewohnheit

Als ich jung war, gehörte das Studieren nie zu meinen Gewohnheiten. Ich studierte nie etwas, weder in der Schule noch danach. Aber als ich Earl Nightingales Schallplatten die ersten Male abspielte, konnte ich nicht mehr damit aufhören. Durch das wiederholte Anhören ein und derselben Audioaufnahme bildete sich in mir die positive Angewohnheit des Studierens heraus. Diese Gewohnheit veränderte mein Paradigma und einfach alles an mir, mein gesamtes Tun und Sein. Und das kann jeder. Wenn du diese Inhalte studierst, wird dir beständig Gutes geschehen.

Wir leben in einem Zeitalter der sofortigen Belohnung, alles muss sofort passieren. Aber dieser Prozess findet nicht in einem Augenblick statt. Es ist möglich – alles ist möglich –, aber es geschieht selten.

Wenn du dir die positive Angewohnheit des Studierens aneignen willst, bekommst du es mit einem weiteren Aspekt deines Paradigmas zu tun: Es verlangt von dir, dass du dich mit etwas anderem beschäftigst, nachdem du ein Buch gelesen hast. Doch so geht das nicht. Du musst dir ein Buch besorgen, es lesen und es immer und immer wieder erneut lesen. Ich besitze sämtliche Originalschallplatten, die Earl Nightingale aufgenommen hat und höre sie mir häufig an. Das ist eine Gewohnheit und diese Gewohnheit hat mein Leben verändert. Heute verdiene ich Millionen von Dollar. Früher fiel es mir schwer, nur ein paar Tausend zu verdienen. Heute kann ich in der ganzen Welt arbeiten. Früher hatte ich Schwierigkeiten, einen Job zu finden.

Die Gewohnheit, die richtigen Inhalte zu studieren, wird auch dein Paradigma verändern. Ich habe miterlebt, wie Menschen, die das Leben aus der Bahn geworfen hatte, wieder zu nützlichen Mitgliedern der Gesellschaft wurden. Verändert sich dein Paradigma, verändert sich auch dein Leben. Deine Ergebnisse im Leben sind ein Ausdruck deines Paradigmas. Das Paradigma verursacht eine Aktion und diese Aktion ruft eine Reaktion hervor. Wenn Aktion und Reaktion aufeinandertreffen, ändern sich unsere Umstände, unsere Bedingungen und unsere Umwelt. Genau so funktioniert es.

Was willst du wirklich?

Sind wir fest entschlossen, auf diesem Weg des Wissens zu bleiben und in unserem Leben großartige Resultate hervorzubringen, müssen wir unbedingt auf der grundlegendsten Ebene beginnen und uns fragen, was wir wirklich wollen.

Das Problem mit den meisten ist ihr Nichtglauben, dass sie das bekommen können, was sie wollen. Als kleine Kinder laufen wir zu unseren Eltern und rufen: „Mutti, Vati, ich will, ich will, ich will." Wir wollen alles unter der Sonne. Aber die Eltern sagen: „Du kannst nicht alles haben, was du willst" oder „Wie willst du denn da drankommen?" Diese Frage kann kein Kind beantworten. Wenn das Kind älter wird, bleibt der Spruch „Du kannst nicht alles haben, was du willst" ein Bestandteil seines Paradigmas. Sobald wir begreifen, dass wir sehr wohl alles haben können, was wir wollen, brauchen wir nicht zu wissen, wie wir darankommen; wir brauchen nur zu wissen, dass wir es erhalten *werden*.

In der Sekunde, in der du etwas in deiner Vorstellung siehst, bewegst du dich bereits auf deinen Wunsch zu. Mithilfe deiner Vorstellungskraft hast du deinen Bewusstseinslevel auf eine sehr viele höhere Frequenz angehoben. Du könntest ein paar Momente in der neuen Schwingung bleiben und wieder zum Ausgangszustand zurückkehren. Bleibe lieber ein paar Minuten auf der neuen Frequenz, beschäftige dich mit deiner Idee, spiele damit, rolle sie geistig hin und her, male sie in verschiedenen Farben aus, sieh dich selbst darin, beobachte, wie sie sich verwirklicht und spüre, wie sich das anfühlt.

Sage dann zu dir: „Ich kann das. Ich weiß nicht wie, aber ich kann es."

Ein Oskar, ein Emmy und ein Tony

Wenn eine Person zu mir mit den Worten „Ich weiß genau, was ich will" kommt, kann ich ihr zeigen, wie sie es erhalten kann. In Los Angeles gibt es einen Filmproduzenten mit dem Namen Phil Goldfine. Phil unterhielt sich mit einem Mann namens Ed und fragte ihn: „Hast du das Buch *Erkenne den Reichtum in dir* gelesen?"

„Ja, und ich kenne den Autor."

Phil gab zurück: „Tust du nicht."

„Doch, ich kenne ihn."

„Das ist ein unglaublich starkes Buch."

Ed lachte nur und meinte: „Okay, ich ruf' ihn an", und er rief bei mir an. „Bob", sagte er zu mir, „hier ist jemand, der gern mit dir reden will."

Phil nahm das Telefon und sagte: „Meine Güte, ich würde mich nur zu gern mit Ihnen unterhalten. Wo sind Sie gerade?"

„Ich bin in Las Vegas."

„Ich bin in Los Angeles, kann ich rüberkommen und mit Ihnen reden?"

„Ja, wenn Sie wollen."

Also kam er nach Las Vegas. Wir setzten uns zusammen und ich fragte ihn: „Was wollen Sie wirklich?"

„Millionen von Dollar."

„Was verdienen Sie jetzt?"

„Ein paar Hunderttausend."

„Was machen Sie?"

„Ich bin Filmproduzent."

„Was wollen Sie noch?"

Er sagte: „Ich will einen Oscar haben. Und ich will einen Emmy."

Ich meinte zu ihm: „Ich kann Ihnen zeigen, wie Sie das alles bekommen können, aber Sie müssen genau tun, was ich Ihnen sage."

„Das werde ich", versprach er.

Das war vor 22 oder 23 Jahren. Es gab bis dahin nur 26 Menschen, die sowohl einen Oscar als auch einen Emmy sowie einen Tony bekommen hatten. 2019 rief mich Phil an und sagte: „Ich geh' zur Premiere von *Tootsie*. Willst du nach New York kommen?"

„Ja."

Ich flog runter nach New York, um ihn zu treffen. Für sein Musical *Tootsie* erhielt er einen Tony. Er war der 27. Mensch, der mit einem Oscar, einem Emmy und einem Tony ausgezeichnet wurde. Er hat auch Goldmedaillen im Schwimmsport gewonnen und ist mit olympischen

Goldmedaillengewinnern geschwommen. Ein durchschnittlicher Produzent stellt vielleicht 2 Filme in 3 Jahren fertig; ich glaube, Phil arbeitet dieses Jahr an 24. Er wird dir erzählen, dass er genau das tut, was ich ihm sage. Ich riet ihm: „Es ist mir gleich, ob du daran glaubst oder nicht, ich will, dass du dir immer wieder sagst, dass es geschieht."

Eines Tages schickte mir Phil ein Foto, auf dem er seinen Oscar in der Hand hält, mit den Worten: „Ich werde noch einen bekommen." „Das ist nicht das richtige Bild dafür", schrieb ich zurück, „du musst dich mit dem Oscar in der einen Hand und dann nochmal mit ihm in der anderen Hand fotografieren lassen und dann soll jemand mit Photoshop ein einziges Bild daraus machen." Ein paar Stunden später schickte er mir ein Bild, auf dem er in jeder Hand einen Oscar hielt.

Heute verdient Phil Millionen von Dollar. Er hat mir mal erzählt, dass er in 4 Stunden bis zu einer Million verdient hat. Er tut exakt das, was ich ihm sage. Ich schreibe ihm nicht vor, wann er essen oder um wie viel Uhr er sich schlafen legen soll, aber ich forderte ihn auf: „Wenn du dich hinsetzt und an deine Wünsche denkst, musst du deiner Phantasie freien Lauf lassen. Und sobald du ein Bild siehst, schreibst du es dir auf. Sprich mit niemand anderem darüber, außer mit mir. Sonst werden dich alle auslachen und das kannst du nicht brauchen. Gib dich nicht mit Menschen ab, die keine großen Ziele haben und umgib dich nicht mit Leuten, die nur über die Nachrichten oder harte Zeiten reden wollen.“

Phil ist ein ausgezeichnetes Vorbild. Ein weiteres ist meine Geschäftspartnerin Sandy Gallagher. Du musst beginnen, an Dinge zu glauben, die weit jenseits deiner Reichweite liegen. Wenn du sie sehen kannst, sind sie da. Nichts wird erschaffen oder zerstört. Alles, was du brauchst, ist bereits vorhanden. Es geht nur darum, dass du damit in Einklang kommst. Sobald du in Einklang damit bist, wirst du es anziehen.

Das Gesetz der Anziehung ist eindeutig: Du kannst nur das anziehen, womit du dich in Harmonie befindest.

Wenn du an einem Bild der Armut festhältst, wirst du niemals Reichtum anziehen.

Du musst dich selbst als wohlhabend sehen und du musst dich mit dem Guten sehen, das du haben willst. Als Erstes musst du erkennen, was es ist. Dafür setzt du dich hin und lässt deinen Geist abheben. Du aktivierst dein Vorstellungsvermögen. Phil bezeichnet die Vorstellungskraft als die herrlichste, wunderbarste, unglaublich mächtige Kraft, die die Welt je gesehen hat. Und er hat recht. Dieses mentale Werkzeug bringt uns an andere Orte, in andere Zeitzonen, in den Weltraum, auf eine höhere Schwingungsfrequenz. Die Vorstellungskraft bringt dich überallhin. Darüber gibt es nichts zu lachen, darüber kann man nur in Ehrfurcht staunen.

Acht Lebensprinzipien

Ich möchte dieses Buch mit 8 Prinzipien beschließen, die ich auch in meinen Seminaren anspreche und die dir helfen werden, dein Leben nach deinen Wünschen zu gestalten.

1. Entwickle ein Bewusstsein für dein unbegrenztes Potenzial. Das ist der Beginn von noch mehr Gutem in jedem Aspekt deines Lebens. Lasse das Licht herein. Es ist traurig, ein Kind zu sehen, das sich vor der Dunkelheit fürchtet. Aber ich hatte immer das Gefühl, dass es noch viel schlimmer ist, einen Erwachsenen zu sehen, der Angst vor dem Licht hat. Lasse das Licht herein. Öffne dich für ein gesteigertes bewusstes Gewahrsein. Je bewusster du wirst, umso mehr verbessert sich die Qualität deines Lebens, da diese höhere Lebensqualität bereits da ist; du musst dir nur ihrer Gegenwart bewusst werden.

2. Arbeite aktiv an der Verwirklichung deiner Wünsche. Unsere Wünsche entspringen aus der Essenz unseres Wesens. Unsere spirituelle DNA ist perfekt; sie ist in unserem Herzen, im Herzen aller Herzen, in der universellen Intelligenz. Du bist nach Gottes Ebenbild erschaffen. In dir liegt Vollkommenheit und diese Vollkommenheit strebt danach, sich in dir und durch dich auszudrücken. Sie strebt immer nach Ausdruck, Erweiterung und dem größeren Guten. Dieses Streben nach Ausdruck äußert sich in deinem Bewusstsein als Wunsch: „Das will ich." Du wirst alles tun, um zu bekommen, was du willst. Du wirst auch völlig Unnormales tun, um deine Wünsche zu erreichen. Du wirst rennen, wenn du erschöpft bist. Du wirst studieren, wenn du müde bist. Unsere Wünsche entspringen aus der Essenz unseres Wesens. Sie sind der Weg Gottes oder der geistigen Welt, um uns zu sagen: „Lasse mich durch dich wirken, um ein größeres Gut zu erschaffen." Wünschen bedeutet nicht, zu erhalten. Das Erhalten ist ein Nebeneffekt des Wünschens. Wünschen bedeutet zu wachsen.

3. Triff eine Entscheidung. Alles, was du erhältst, kommt zu dir; weil du darauf programmiert bist, es zu erhalten. Du befindest dich damit im Einklang.

Bekommst du nicht, was du willst, liegt das daran, dass du nicht in Harmonie damit bist. Wenn du deine Wünsche verwirklichen willst, musst du dein Paradigma ändern.

Wir alle kennen den Spruch, dass alte Gewohnheiten sich schwer ablegen lassen. Unser Paradigma hat keine Lust auf Veränderungen; es will sich immer nur auf ein und dieselbe Weise ausdrücken. Sobald du auf deine Ziele zusteuern willst, wird sich dein Paradigma mit allen Kräften dagegen wehren. Das fühlt sich sehr unangenehm an. Alles in dir will aufgeben. Und wenn du nicht wirklich verstehst, was da in dir vor sich geht, wirst du wohl auch aufgeben. Verstehst du es aber, wirst du höchstwahrscheinlich weitermachen. Schätzungsweise weniger als 10 Prozent der Menschen verfolgen wirklich große Ziele. Die meisten lassen es bleiben, weil sie nicht verstehen, dass sie alles haben können. Ein vor vielen Jahren erschienener Song von Nat King Cole geht so: „Pretend, pretend you're happy when you're blue" („Tu' so, als ob du glücklich wärst, wenn du dich schlecht fühlst"). Besorge dir den Text zu diesem Song, lies ihn, studiere ihn und lerne ihn auswendig.

4. Absolute Entschlossenheit. Die Entschlossenheit unterscheidet den Profi vom Amateur. Ich denke, es war der Motivationsredner Ken Blanchard, der sagte: „Wenn du an etwas interessiert bist, dann tust du es, falls es für dich bequem ist; wenn du aber fest entschlossen bist, tust du es, koste es, was es wolle." Du musst dich voller Entschlossenheit für ein Ziel entscheiden; dann gibt es kein Zurück und auch kein Aufgeben mehr. So muss es sich verwirklichen. Dein Verständnis der Gesetze macht das Ganze sehr viel einfacher und es wird zu einer höchst angenehmen Reise.

5. Rechenschaft. Earl Nightingale nennt die Rechenschaft „unsere Erfolgsversicherungspolice". Wenn du einen Rechenschaftspartner hast, legst du dir damit eine Versicherungspolice zu. Diese sorgt dafür, dass du am Ball bleibst. Bist du mein Rechenschaftspartner und respektiere ich dich wirklich, möchte ich auch, dass du mich wirklich respektierst. Sage ich, dass ich etwas tun werde und bitte ich dich, dafür mein Rechenschaftspartner zu sein und kommt dann ein Gedanke ans Aufgeben in mir hoch, überlege ich mir augenblicklich, was du wohl von mir halten würdest. Dein Rechenschaftspartner hält dich auf Trab. Diese Person wird dafür sorgen, dass du weitermachst, wenn du am liebsten alles hinwerfen willst. Ein Rechenschaftspartner ist von unschätzbarem Wert. Sandy Gallagher ist meiner. Mein

Sohn und seine Geschäftspartnerin Peggy McColl haben sich gegenseitig zur Rechenschaft verpflichtet. Sie unterstützen sich gegenseitig auf enorme Weise, einfach nur weil sie einander in die Pflicht nehmen. Ein Rechenschaftspartner lässt sich nicht in Gold aufwiegen. Triff eine kluge Wahl und lasse dich von ihm zur Rechenschaft ziehen.

6. Fokus. Damit steigerst du deine Energie, die Stärke deiner Schwingung und du kannst deine persönliche Kraft besser lenken und hochpowern. Gefühle sind die bewusste Wahrnehmung von Schwingungen. Fühlst du dich schlecht, bist du in einer schlechten Schwingung. Fühlst du dich gut, zeigt das, dass du dich in einer guten Schwingung befindest.

Du spürst es, wenn dich in einem Einkaufszentrum jemand von hinten anstarrt. Dieser Mensch richtet seinen Fokus auf dich; er konzentriert sich auf dich. Er richtet die Energie, die in sein Bewusstsein fließt, auf dich wie ein Laserstrahl. Seine Gedanken dringen in dein Gehirn ein und rufen eine Schwingung hervor. Du spürst diese Energie, du fühlst, dass du angestarrt wirst; du drehst dich um und na klar, da steht die Person. Konzentration erhöht die Stärke einer Schwingung und sorgt dafür, dass die Energie schneller und zielgerichtet wie ein Laser wirkt. Deshalb ist Fokus wichtig.

Der Fokus ist ein Willensakt. Du kannst deinen Willen stärken, indem du eine Kerze nimmst und sie gegenüber von deinem Lieblingsstuhl hinstellst. Wenn du allein bist, zündest du sie an, setzt dich hin und fixierst die Flamme; du siehst sie solange an, bis du eins mit ihr geworden bist. Sollten deine Gedanken abschweifen – und das werden sie –, richtest du sie wieder auf die Flamme aus. Bringe sie immer wieder zur Kerzenflamme zurück, sobald sie sich selbständig machen, ohne dich deshalb schlecht zu fühlen. Du kannst auch vor deinem Lieblingsstuhl einen Punkt an die Wand machen und den Punkt fixieren. Falls deine Gedanken abschweifen, richtest du sie wieder auf den Punkt.

Sobald du dich auf eine Sache konzentrieren kannst, gelingt es dir mit allem, weil du deinen Willen gestärkt hast. Der Wille ist die mentale Fähigkeit, die uns in die Lage versetzt, eine Idee auf unserem geistigen Bildschirm festzuhalten. Es ist so, wie Emerson sagte: „Das Einzige was wachsen kann, ist das, worauf du deine Energie lenkst." Wenn du fokussiert bist, lenkst du mehr Energie auf das, was du willst.

7. Disziplin. Ich möchte dir vorschlagen, dass du dich verpflichtest, 60 Tage lang jeden Morgen eine halbe

Stunde dieses Buch zu lesen. Ich empfehle dir auch, dir für dieses Projekt einen Partner zu suchen; jemanden aus deinem Freundeskreis. Falls er dieses Buch nicht hat, besorgst du noch ein Exemplar, schreibst eine Widmung hinein und schenkst es ihm. Er wird dich dafür lieben. Dann sagst du zu ihm: „Ich würde gern dieses Buch mit dir zusammen studieren, jeden Tag eine halbe Stunde lang. Dafür sollten wir uns gegenseitig in die Pflicht nehmen. Nach der halben Stunde unterhalten wir uns dann darüber, was wir gelernt haben." Verpflichtest du dich dazu, wird der gesamte Nutzen, von dem du hier gelesen hast, dein sein; weil er dir zusteht und weil du ihn dir verdient hast.

8. Visioneering. Mit Visioneering bezeichne ich die Übung, unsere Vorstellungskraft auf die Zielerreichung auszurichten. Sie bringt Ordnung in den Geist, damit du alles Erforderliche auf eine geordnete Art und Weise anziehen kannst. Der Geist des Durchschnittsmenschen ist angefüllt mit einem Durcheinander von Ideen. Mit dem Visioneering bringen wir genau einen Gedanken auf unseren geistigen Bildschirm und fokussieren uns darauf. Dann beginnen wir, ihn zu leben, weil wir Ordnung in unseren Geist gebracht haben. Troward bezeichnete die Ordnung als das oberste Himmels-

gesetz; das Visualisieren ist etwas Himmlisches. Es ist einfach herrlich und du wirst sehr gut darin sein. Du wirst definitiv dein Einkommen, deine Gesundheit und deine Beziehungen verbessern.

Die Umsetzung der Ideen aus diesem Buch wird dir gelingen, wenn du dich fest dazu verpflichtest, dir einen Rechenschaftspartner suchst und sofort damit beginnst. Beginne heute, nicht morgen; fange gleich jetzt damit an. Verpflichte dich in der Sekunde, in der du diese Worte liest. Wenn du täglich 30 Minuten damit verbringen willst, beginne gleich jetzt damit. Und wenn du gerade 30 Minuten damit verbracht hast, hänge noch eine weitere halbe Stunde dran. Und morgen machst du wieder das Gleiche.

Halte diesen Rhythmus 60 bis 90 Tage lang ein. Earl Nightingale sagte oft, wenn man etwas 90 Tage lang getan hat, wird man wahrscheinlich für den Rest des Lebens dabeibleiben. Ich neige dazu, ihm zuzustimmen; denn dann ist es zu einer Gewohnheit geworden.

Studiere. Es wird dir astronomische Belohnungen bescheren, die weit über das hinausgehen, was du dir jemals erhoffen könntest.

www.bobproctor.de